AF450918

BOLSA

DAVID OSMAN

www.bolsa.guiaburros.es

EDITATUM

Primera edición: Mayo de 2018

Segunda edición: Febrero de 2019

ISBN: 978-84-948643-8-4

Depósito legal: M-14795-2018

Impreso en España/ Printed in Spain

Si después de leer este libro, lo ha considerado como útil e interesante, le agradeceríamos que hiciera sobre él una **reseña honesta en Amazon** y nos enviara un e-mail a **opiniones@guia-burros.com** para poder, desde la editorial, enviarle **como regalo otro libro de nuestra colección.**

Agradecimientos

A título más personal y antes de dar por comenzado el libro. Quiero agradecer primero a mi madre, Luz. Soy hijo único de madre soltera y es ella la que siempre me ha apoyado en todos los caminos que he decidido tomar y de la cual sigo aprendiendo cosas nuevas todos los días. Agradecer a mi abuelo, José, que sembró en mí desde pequeño el interés no sólo por los números sino por cualquier tema en general pues la mejor forma de estar a gusto con el mundo que nos rodea es saber todo lo que en él ocurre. A mi abuela Lylian por su cariño. A mi madrina, Lily, que en la distancia parece siempre saber que decir para alegrarme el más gris de los días. A mis tíos Mono, Peter, Cali y Umber que han sido, son y serán siempre un ejemplo a seguir, un ejemplo de que el trabajo duro siempre da recompensa y de que nada es imposible. También a Shahar y JuanPi de los que puedo aprender lo que es divertirse. Gracias a todos ellos, que en resumen, son la familia Osman de la cual tomo mi único apellido.

Sobre el autor

 **David Osman** nació en Madrid el 9 de noviembre de 1986 pero ha vivido la mitad de su vida fuera de España.

Tras dos años de experimentar en una carrera que no llegó a convencerle decidió cambiar a Economía en su plan bilingüe en la Carlos III de Madrid, en esta carrera se especializó en Economía Financiera. Sin saber muy bien que rama de las finanzas escoger vio lo que le podían aportar tres sectores que le llamaban mucho la atención. Estos sectores eran de la moda de lujo, el derecho tributario y la banca de inversión. Fue la banca de inversión y la pasión que siempre tuvo desde joven por el mundo de la Bolsa lo que le llevó a certificarse como Operador de Bolsa y Operador del Mercado de Futuros por BME. Con las licencias de broker sacadas y sus ganas de seguir viajando, colaboró en uno de los despachos tributarios referentes en América Latina y se sumergió en el mundo de los Hedge Funds. Todo esto sin dejar de lado siempre la faceta de asesor de inversiones a particulares, dónde se sienta con los clientes para analizar sus necesidades de inversión y adecuar con ellos una cartera, y les enseña cómo comprar y vender por ellos mismos.

Índice

Prólogo

Primero quiero agradecer a Borja Pascual y Editatum la oportunidad que me han dado de escribir este Guía Burros. Con él, pretendo dar una primera aproximación al mundo de la bolsa y la inversión a todos aquellos que no teniendo una formación sobre el tema quisieran llevar las riendas de sus ahorros y controlar más de cerca qué se hace con el dinero que con tanto esfuerzo han conseguido.

Intentaré acercaros al mundo de la inversión desde mi perspectiva. Una perspectiva desde el punto de vista de cómo se trabaja en un fondo de inversión de gestión tanto pasiva como activa pero extrapolando los conceptos al usuario individual que no tiene acceso a un fondo o aún teniéndolo, simplemente desea sentir la adrenalina de decidir dónde y cuándo invertir. En los fondos de inversión de gestión pasiva no se busca batir al mercado pues el mercado posee información completa de lo que en él se encuentra, por lo tanto se buscar hacer un espejo de los grandes índices pues está demostrado que a largo plazo los índices tienen un retorno mayor ya que a pesar de fluctuar por los ciclos y las correcciones, la maquinaria de la economía en si misma hace que la pendiente en el largo plazo sea positiva. Pero también os daré algunas claves de la gestión áctiva. Donde se busca batir al mercado. En los fondos de inversión, cuando optamos por una gestión activa, lo que buscamos es encontrar el momento de entrada y salida justos para maximizar así el beneficio. Entrando cuando la bajada haya terminado y saliendo cuando comience la corrección. Este tipo de gestión requiere muchas más horas de dedicación y una matemática mucho más extensa y precisa, por eso no me extenderé tanto en ella a lo largo del libro.

¿Qué es la bolsa?

Origen del concepto, evolución y estado actual del mercado

La bolsa o mercado de valores es un concepto muy antiguo que se remonta a la Edad Media. Ya entonces podíamos encontrar un mercado donde, en lugar de comprar y vender objetos elaborados o materiales, se compraban y vendían "promesas", y donde la mercancía vendida fijaba su precio mediante el equilibrio entre oferta y demanda. Desde vender pieles de oso antes de cazarlo a vender el beneficio de una expedición marítima a tierras lejanas antes incluso de tener el barco construido. En España tenemos como origen de mercados organizados los juros del s. XIII o las lonjas del s. XIV.

Los juros del reino de Castilla son la primera deuda pública de la que tenemos conocimiento en España. Consistía en un certificado en el que el reino concedía el privilegio de cobrar una parte de los impuestos feudales en un futuro a cambio de un capital en el momento actual.

Las lonjas o bolsas de Comercio fueron el primer lugar físico de negociación. El reino de Aragón fue el primero en construirlas. Muy famosas son las de Barcelona, Mallorca o Valencia.

Donde existe un mercado de ese tipo, basado en la subasta y dependiente de la oferta y la demanda, existen las crisis. Muy famoso es el *crack* holandés por la venta de bulbos de tulipán, cuyo valor crecía día a día hasta que de golpe se desplomó. En la primera mitad del s. XVII tuvimos la que se considera la primera burbuja especulativa registrada. No tuvo graves consecuencias para la entonces todopoderosa economía holandesa, pero sí supuso un golpe moral para muchos trabajadores. Los bulbos de tulipán comenzaron a venderse en los Países Bajos y a ganar rápidamente popularidad (recordemos que el tulipán había llegado a Europa a finales del siglo anterior y se empezaba ya cultivar de manera intensiva, suponiendo un gran porcentaje de las exportaciones totales de la nación). Esta adicción por los tulipanes fue lo que inspiró la creación del primer mercado de futuros. La gente iba y compraba bulbos de tulipán sin tan siquiera haber visto uno en su vida. Hasta que un día, debido a la peste bubónica que azotaba Europa, una subasta quedó desatendida; nadie acudió a la subasta, provocando el pánico entre los vendedores y haciendo que el precio de los bulbos de tulipán se desplomara.

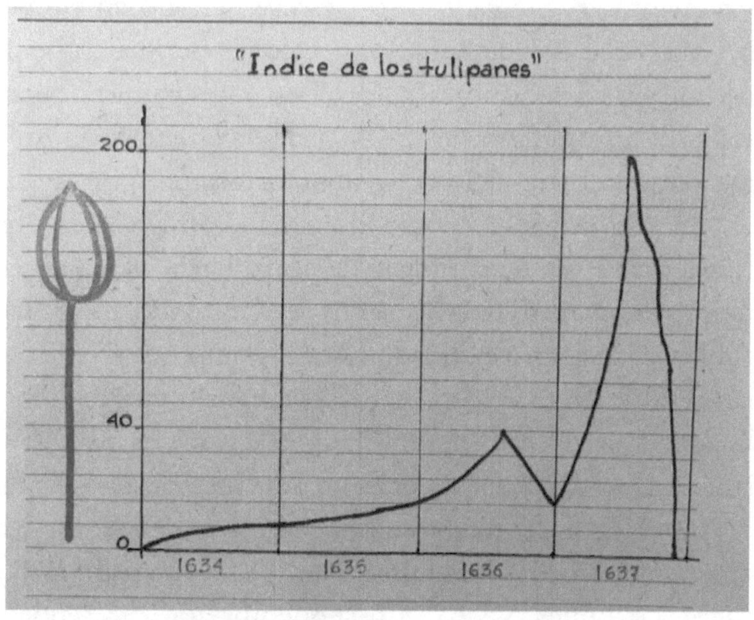

Indexando el precio de los futuros de tulipanes vemos como en tres años multiplicó su valor doscientas veces justo antes de explotar la burbuja.

El concepto de "mercado oso" y "mercado toro" tiene también tantos siglos como el mercado en sí. Un "mercado oso" es el periodo de tiempo en el que las cotizaciones de la bolsa en general tienen pendiente negativa, o sea, cuando caen. Cuando el mercado cae, el inversor quiere monetizar cuanto antes sus posiciones y decimos que va corto; se centra en el corto plazo, pues prevé que el mercado siga bajando y su beneficio disminuya. ¿Por qué le llamamos "mercado oso"? Como dije antes, los cazadores vendían las pieles del oso antes de salir a cazarlo, por lo tanto monetizaban algo que ni siquiera era real en ese momento, adelantándose a los acontecimientos.

En cuanto al "mercado toro", es ese periodo en el que la bolsa sube. Puede haber correcciones puntuales, pero no saldremos del "mercado toro" sin antes pasar por una caída de un mínimo del 20 %. Cualquier otra baja forma parte del sub-ciclo o de una corrección; por tanto, el "mercado toro" es como el animal en una carrera de resistencia en la que embiste de abajo hacia arriba en el último momento. Con los años, el "mercado toro" ha simbolizado la prosperidad, hasta el punto que frente de la bolsa de Nueva York (NYSE) se instaló en 1989 una escultura de un toro de bronce hecha por el artista italiano Arturo di Modica, que pretendía inspirar el espíritu de superación del pueblo americano, que aún se estaba recuperando de la crisis bursátil de 1987, el llamado *Black Monday* o Lunes Negro. (En septiembre de 1989, poco antes de instalar el Charging Bull, hubo un mini-*crash* conocido como *Black Friday* o Viernes Negro).

Fachada de la Chicago Board of Trade

A finales del siglo XIX la bolsa ya era lo que conocemos a día de hoy. Las empresas se dividían en acciones o *shares*, en inglés. Este término hace referencia a su calidad de objeto que se comparte entre varias personas (*share* = compartir). Dichos títulos eran expedidos en papel y su posesión física implicaba la posesión de ese porcentaje de la empresa en cuestión. Tenían un valor facial.

Os enseño un ejemplo de acción de la extinta PanAm. En este ejemplo observamos un título de los "antiguos", antes de la informatización total de la bolsa, cuando todavía se intercambiaban títulos en papel real. Como podéis observar en la parte superior, se indica que este documento representa una acción común o capital stock (hay diferentes tipos de acciones pero no hablaremos de ese tema en este libro pues la inversión en acciones preferentes, que es el otro tipo más común de acción, no es aconsejable para el inversor al que está enfocado este libro). Normalmente se mostraba también el valor facial (valor a la par) del título, lo que en su origen representaba la división del capital social de la empresa entre el número de acciones (recordad que las acciones son la parte alícuota del capital con el que se constituye una sociedad). Y en el texto de la parte inferior se explica que dicho título sólo será válido una vez endosado por las autoridades competentes.

El dinero recolectado por distribuir esos títulos es lo que llamamos el valor de mercado, que es un reflejo del valor teórico de la compañía por la suma de sus edificios, el valor de su inventario y su capacidad de generar ingresos. Fue esto último lo que atrajo a los inversores. Una empresa no vale lo que posee ahora mismo, sino lo que es capaz de generar día a día. Fue ese espejismo de beneficios lo que infló la burbuja que explotaría en febrero de 1929. La inyección de dinero en las empresas excedía el ritmo al cual las mismas podían generar retornos.

El *crack* del 29 o Martes Negro, marcó un antes y un después en el concepto de mercado de valores, y en cómo el inversor interactúa con ese mercado. El 24 de octubre de 1929 la Bolsa de Nueva York sufrió la caída más devastadora de la historia en cuanto a valor proporcional, riqueza destruida y duración de sus consecuencias. La caída fue consiguiente a la caída de la Bolsa de Londres el mes anterior y marcó el inicio de una crisis que duraría doce años, a la que conocemos como la Gran Depresión.

El desplome de la bolsa vino precedido por una década de beneficios empresariales crecientes año tras año, un boom inmobiliario, una década dorada para los productores de acero y ventas récord en todos los sectores. Todo esto provocó que cada vez más gente depositara sus ahorros en el mercado de valores, generando así una burbuja que crecía a un ritmo más rápido del que los beneficios de esas empresas podían reportar. Este flujo de dinero era tal que la bolsa se vio desbordada, siendo los fondos de inversión los que absorbieron ese excedente de capital, invirtiendo el dinero en productos apalancados (definiré el apalancamiento cuando describa los productos derivados, al final de este libro). A lo largo de los primeros meses de 1929 se empezaron a cocinar los ingredientes que más adelante desencadenaron el colapso de la bolsa. Un exceso en los cultivos arrastrado de 1928 desplomó los precios del trigo a principios de año, una sequía en Canadá y Argentina dispararon esos precios de nuevo al alza y una muy buena temporada de cosecha en Italia y Francia provocaron de nuevo su desplome. Todos esos cambios de precio, las medidas adoptadas por el gobierno americano en cada momento y el ansia de beneficio de los inversores fueron la chispa que iniciaría la mayor crisis económica de la historia.

Recordemos también que entre 1920 y 1933, los Estados Unidos estaban bajo la llamada "prohibición", ese periodo en el que el consumo y la venta de alcohol estaban prohibidos. Por lo tanto, cuando estalló la Gran Depresión en 1929, la grandes ciudades ya eran víctimas de la violencia que las bandas de crimen organizado habían sembrado para controlar el tráfico ilegal de licor. Así que el ambiente, a pesar de la prosperidad, era tenso. La prosperidad existía en términos generales, pues la economía americana creció casi un 50 % esa década, aunque la distribución de la riqueza se alejó de los campesinos que hasta ahora eran el sector privilegiado, para acumularse en la industria y los servicios.

Dejemos la historia de lado. Cada país tiene su bolsa y, asociado a ella, un organismo que aboga por el buen funcionamiento de la misma. En los Estados Unidos existe la SEC (Securities Exchange Commision) y en España tenemos la CNMV (Comisión Nacional del Mercado de Valores). Además de los organismos de control, la bolsa en sí es un ente independiente que vigila el día a día del mercado evitando irregularidades y posibles *cracks*. A lo largo del libro hablaremos mayoritariamente del funcionamiento de la bolsa española y americana.

Las entidades reguladoras de las que hablaremos, la Comisión Nacional de Mercado de Valores y la Securities Exchange Commission.

Las bolsas de las que hablaremos, la Bolsa de Madrid y el New York Stock Exchange.

En España, este mercado organizado se llama BME (Bolsas y Mercados Españoles), y aglutina la Bolsa de Madrid, la Bolsa de Barcelona, la Bolsa de Valencia y la Bolsa de Bilbao. BME está formado por tres brazos que controlan el mercado de valores, el mercado de futuros y el mercado de liquidación y compensación. Del mercado de valores nos quedamos en esta ocasión con las acciones y los *warrants*. Del mercado de futuros no hablaremos, pero debemos saber que son contratos en los que se negocia la adquisición o entrega de un bien o valor. Muy famosos son los contratos de futuro de la energía, en los que se subasta electricidad para su consumo futuro.

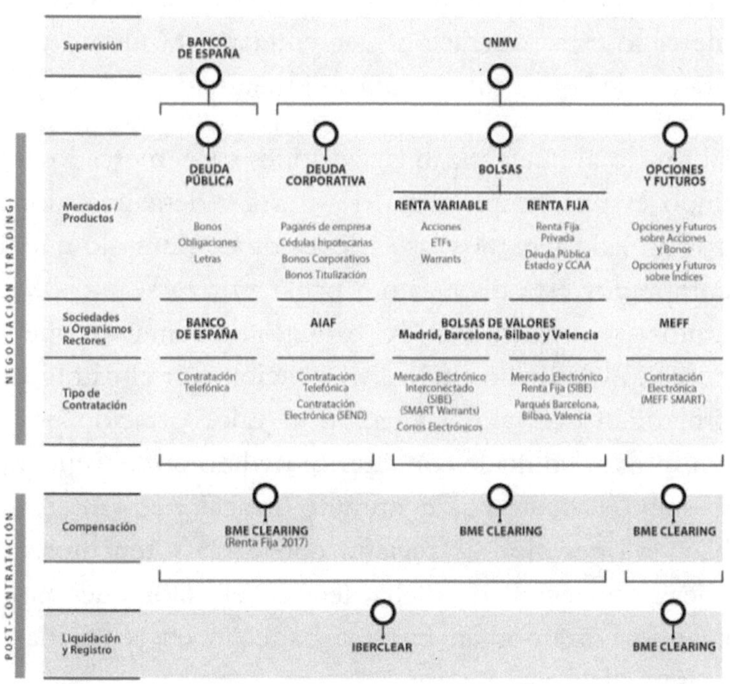

Estructura del mercado de valores en España

El mercado continuo y el mercado alternativo

En el caso de BME, la negociación de títulos en bolsa se realiza en dos mercados y en dos horarios concretos. Tenemos un mercado continuo al cual tenemos acceso de 9:00 a 17:30, donde se compran y venden acciones de empresas constituidas como sociedades anónimas, que cumplen los requisitos para cotizar públicamente. Este mercado se le llama continuo, pues dentro de su horario de negociación los títulos se negocian en tiempo real y cambian de manos a la velocidad que se procesan las órdenes de compra-venta, pudiendo un mismo título cambiar de dueño varias veces a lo largo del día. Al cierre de mercado estas operaciones se cotejan y el último comprador de la acción se anota su titularidad.

El precio al que cotizan las acciones en el mercado continuo es una simple regla de oferta y demanda, donde por un lado tenemos las órdenes de compra —lo que un comprador está dispuesto a pagar por cada uno de los títulos— y por otro lado las órdenes de venta —lo que un poseedor de dicho título desea recibir por el cambio de titularidad del valor—. Cuando el valor ofrecido por el comprador coincide con el valor pedido por el vendedor y están de acuerdo en el número de acciones a intercambiar, la operación se registra con éxito y tenemos una nueva cotización de dicha acción (el valor que vemos cuando entramos en nuestro banco o en la página de bolsamadrid.es).

Para proteger al mercado de posibles disfunciones, existen medidas para controlar los cambios bruscos de cotización, las subastas por volatilidad. Si un vendedor da por error una orden de venta para un valor que cotiza a 10.00 € y entra en el sistema una orden de venta a 1.00 €, lo que supone una caída del 90 %, esta orden disparará una subasta por volatilidad, ya que lo más probable es que exista una orden de compra cuyo valor sea mucho más bajo que el valor de cotización. Esta orden de compra puede ser una orden creada hace mucho tiempo, cuando la acción tenía un valor mucho menor y con una fecha de validez muy lejana. Sea cual sea el caso, este error podría ocasionar un desplome de la acción en bolsa, disparando la volatilidad, el riesgo y ocasionando graves pérdidas en los inversores. Con esta y otras medidas el inversor puede estar tranquilo, ya que está a salvo de errores humanos que nada tienen que ver con la verdadera cotización del valor.

Para formar parte del mercado continuo, es decir, para salir a bolsa, es necesario cumplir una serie de requisitos que varían de país a país. En España son, a grandes rasgos, tener un capital social superior al millón doscientos mil euros, haber repartido beneficio entre sus accionistas al menos tres de los últimos cinco ejercicios, y que el número de accionistas resultante de esa salida a bolsa sea un mínimo de cien.

De no cumplir estos requisitos, existe la posibilidad de aplicar al mercado alternativo. El MAB o Mercado Alternativo Bursátil es un mercado orientado a empresas de reducida capitalización (pymes) que buscan expandirse y necesitan un mercado de negociación con procesos adaptados a sus características. Suelen ser pequeñas empresas con proyectos de expansión que quieren beneficiarse de la visibilidad, liquidez y posibilidades de financiación que da formar parte del mercado.

En el MAB también están inscritas otro tipo de sociedades como las SICAV, las SOCIMI y las ECR. Las tres las definiremos en el capítulo que trata sobre qué opciones de inversión existen además de las acciones. En el MAB las cotizaciones se marcan por *fixing*, que consiste en agrupar toda la oferta y demanda que pueda tener un valor en dos subastas diarias (a las 12:00 y a las 16:00).

¿Quién negocia en los mercados? Miembros del mercado

Para entrar en la sala de negociación y adquirir la condición de miembro del mercado hace falta cumplir unos requisitos. La condición de miembro del mercado ha de solicitarse a cualquiera de las bolsas españolas, o a varias de ellas (recordad que tenemos cuatro bolsas en España: Madrid, Barcelona, Valencia y Bilbao). Hace falta pertenecer a la agencia de compensación, registro y liquidación (Iberclear, Euroclear) y, por supuesto, cumplir todas las características financieras que se exigen para constituirse como sociedad de inversión, ya que estas entidades no son una sociedad anónima típica, sino un tipo específico de sociedad dedicada al crédito y la inversión. Cumplir estos requisitos es una garantía de la solidez del sistema, y un dique de contención más que se crea para evitar colapsos masivos en caso de crisis.

Actualmente BME consta de cuarenta miembros de mercado repartidos entre Agencias de Valores y Bolsa, Sociedades de Valores y Bolsa, Entidades de Crédito y Miembros Negociadores No Liquidadores. Cuando vayamos a comprar acciones a través de la plataforma *online* de nuestro banco, si este no es miembro de mercado es porque opera amparado por alguno de los miembros.

Invertir para ahorrar, no para controlar la empresa

Ahora que ya sabemos cómo funciona la bolsa, vamos a ver cómo y por qué invierte la gente. Existen varios tipos de inversores; aquí nos vamos a ocupar del inversor particular, ese trabajador o jubilado que tiene un dinero ahorrado y le interesa entrar en el mundo del mercado de valores. Este inversor no pretende controlar la empresa comprando sus acciones, ni busca tener voto decisivo en la junta de accionistas. Simplemente sabe que la inversión en renta variable es un método más del que dispone el ciudadano de a pie para ahorrar y, probablemente, sacar un beneficio de ese ahorro-inversión.

A continuación podemos observar el recorrido del índice industrial americano Dow Jones en los últimos treinta años, y cómo entre 1987 y 2017 se multiplicó por diez. El Dow industrial data de finales del s. XIX, y su primer cálculo se hizo en 1896.

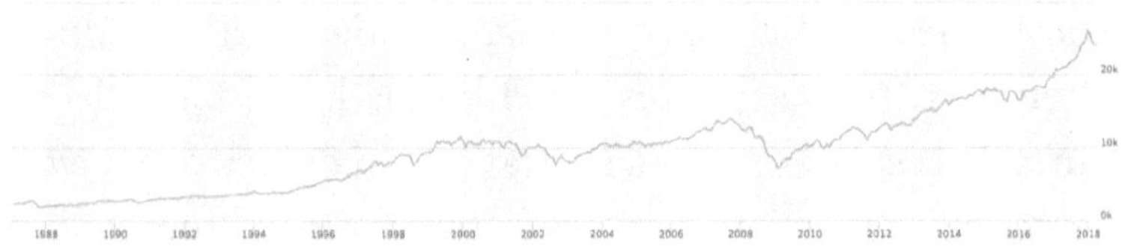

Hay muchos tipos de empresa y muchas estrategias de inversión, pero todas de ellas buscan lo mismo: beneficiarse de haber depositado una cantidad de dinero en las manos de una compañía y no en manos de nuestra sucursal bancaria. Este ahorro nos va a dar también una pequeña renta en forma de dividendos, que son ese excedente del beneficio que las empresas, en lugar de reinvertir en el negocio, reparten entre los accionista a manera de recompensa y agradecimiento por confiar en ellos.

Los dividendos no deben ser nuestro único argumento para escoger entre una empresa u otra. Demasiados dividendos pueden reflejar una nula reinversión en el negocio. De este tema hablaremos más adelante, pues hay empresas que cotizan en el mercado continuo y que a causa de sus características no pueden reinvertir ni acumular todo el beneficio que obtienen, viéndose obligadas a repartir dividendos todos los años, como es el caso de BME. En caso de invertir en una empresa que no dé, o dé muy poco dividendo, la rentabilidad del ahorro la monetizaremos en el momento en que vendamos las acciones a un precio mayor al que las compramos.

Aunque no nos demos cuenta, todos invertimos en bolsa directa o indirectamente. Si tenemos un plan de pensiones privado, este invierte en nuestro nombre tanto en renta variable como renta fija. Los fondos de inversión invierten el dinero que vamos aportando mes a mes, año a año en concepto de pensiones. Por lo tanto, lo que nosotros creíamos que era un ahorro, nuestras pensiones, resulta que es una inversión (con mayor o menor riesgo, eso ya son casos particulares). Si tenemos una cuenta en el banco y esta nos reporta un interés a favor de x %, ese interés que nos paga el banco lo consigue este, a su vez, invirtiendo el dinero que hemos depositado, ya sea través de préstamos, compra-venta de acciones, etc. Por lo tanto, todos invertimos, lo sepamos o no, y lo hacemos para para ahorrar, no para controlar empresas.

Tipos de acciones y ampliaciones de capital

Riesgos y oportunidades

Riesgos de operar en bolsa

Invertir en bolsa conlleva ciertos riesgos que debemos tener siempre muy en cuenta. El principal riesgo es el de perder el capital invertido. Toda compra de acciones lleva implícito el riesgo de perder la totalidad de lo invertido, como les ocurrió a los inversores del Banco Popular cuando el grupo Santander compró la totalidad del Popular por 1 €, dejando sin valor las acciones de este banco. En 2008 la crisis económica mundial estalló con toda su fuerza. La caída de Lehman Brothers, dejó en una mañana a los inversores con acciones cuyo valor era prácticamente inexistente. Otro ejemplo es la caída del gigante de los seguros AIG. En estos casos no hay subasta de volatilidad que frene la caída, ya que por muchas subastas que salten, el valor sigue en caída libre cuando se reanuda la negociación.

Os enseño cómo se ve en gráfica un desplome bursátil como el de Lehman Brothers y el de AIG.

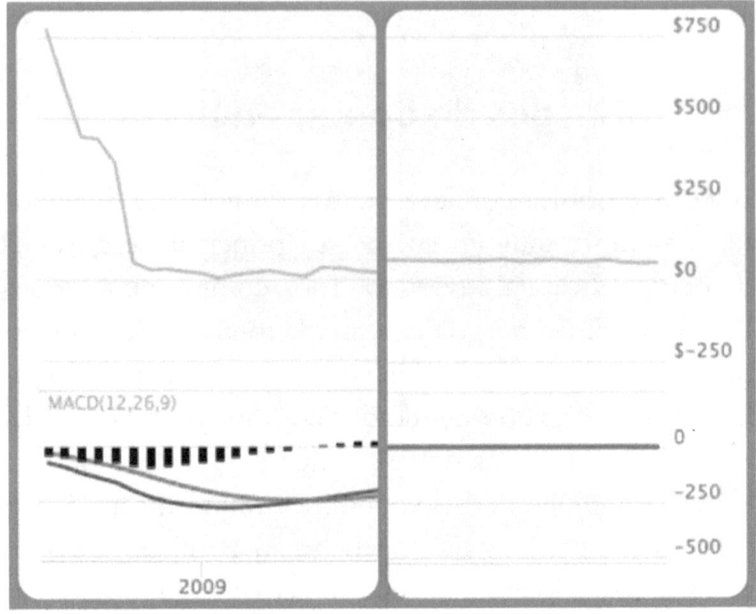

Otro riesgo es el riesgo de la falta de liquidez. Debemos recordar que la liquidación de operaciones dependerá del momento y el mercado en el que negociemos. Aunque las acciones sean un elemento casi líquido, asimilable al dinero en efectivo, compramos y vendemos en horario de apertura de mercado, por mucho que en España la bolsa esté abierta. Si queremos vender acciones de una empresa que cotiza en el NYSE tendremos que esperar a la apertura del mercado americano, y si allí es festivo (la bolsa americana tiene nueve festivos al año), por mucho que aquí no lo sea no podremos negociar nuestras acciones.

Año Nuevo	1 de enero
Martin Luther King Jr.	15 de enero
Día del Presidente	19 de febrero
Viernes Santo	30 de marzo
Día de los Caídos	28 de mayo
Día de la Independencia	4 de julio
Día del Trabajo	3 de septiembre
Acción de Gracias	22 de noviembre
Navidad	25 de diciembre

Días de cierre del NYSE en 2018

Año Nuevo	1 de enero
Viernes Santo	30 de marzo
Lunes Santo	2 de abril
Día del Trabajo	1 de mayo
Navidad	25 de diciembre
Festivo bursátil	26 de diciembre

Días de cierre de Bolsa Madrid en 2018

Por lo tanto, en la escala de liquidez y en casos muy concretos como este, las acciones no son equivalentes al dinero en efectivo. En una emergencia en la que necesitemos liquidez debemos tener en cuenta que por mucho que la orden se envíe correctamente, el momento su ejecución puede no ser ese por distintos motivos, y por lo tanto la venta se hará efectiva posteriormente y el ingreso de dinero en nuestra cuenta no llegará hasta entonces. Esto, por supuesto, es un caso específico pero muy habitual, y forma parte de los puntos a considerar si estamos invirtiendo dinero que necesitamos para, por ejemplo, pagar recibos, cosa que nunca deberíamos hacer, aunque haya personas que lo hagan.

Otro riesgo que nos puede sonar a broma, a pesar de ser un riesgo real, es el riesgo de adicción que supone invertir en bolsa. Cuando una persona invierte por primera vez y tiene la suerte de ganar mucho dinero en muy poco tiempo, piensa que siempre que invierta va a ser así, entrando en una espiral de inversiones sin medir riesgo. Suele pasar cuando se invierte con productos derivados, que ofrecen una rentabilidad mucho mayor al estar a menudo apalancados. Esta adicción es tan grave como la ludopatía y es un riesgo que, aunque poco probable, merece la pena mencionar y tener en cuenta.

Todos estos son riesgos generales del hecho de invertir. Dedicaremos un capítulo entero a los riesgos específicos de la inversión en sí.

Oportunidades a corto plazo

Dejando los riesgos a un lado, se nos presentan continuamente nuevas oportunidades. A corto plazo y hablando exclusivamente de acciones, podemos hablar de la oportunidad de beneficio para los *day traders* (compradores de un día o compradores "intradía"). Sus operaciones son esos movimientos de acciones que se hacen a lo largo del día o de un día para otro.

Para entender este tipo de oportunidad os cuento un ejemplo muy práctico. El Congreso aprueba un paquete de medidas económicas cargado de subsidios y ayudas a la compra de vehículos nuevos, con el fin de actualizar el parque automovilístico español. De golpe, las empresas de coches que coticen en bolsa y cuyos vehículos se encuentren en el rango de precio al cual va enfocada la medida (turismos de gama media y baja), serán ahora más atractivas para los inversores; si además en los días siguientes estas empresas son capaces de hacer buen *marketing* para potenciar esas ayudas, es muy probable que las acciones de estas empresas tengan un pequeño *rally* (movimiento alcista continuado en un breve periodo de tiempo, normalmente las sesiones de una semana). De ese *rally* nos podemos beneficiar a corto plazo.

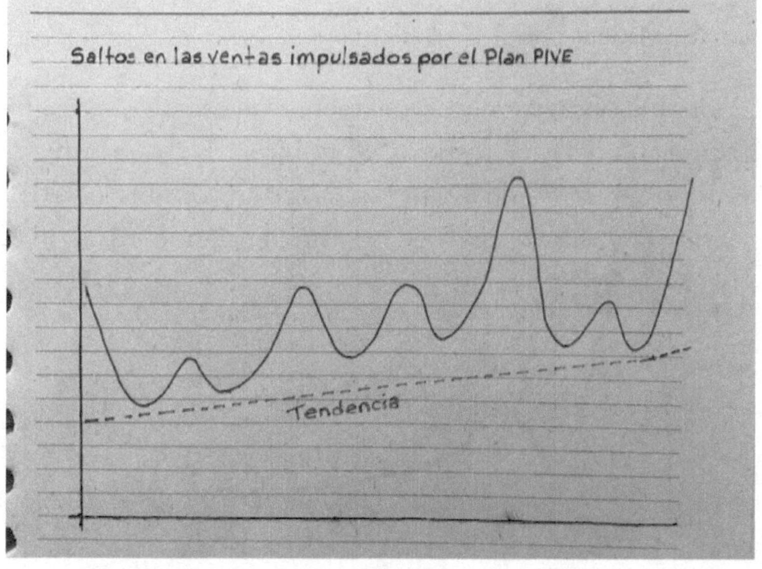

El llamado Plan Pive en sus numerosas aprobaciones por parte del gobierno, impulsaron la venta de turismos y lograron revertir la curva a largo plazo de número de matriculaciones.

En el caso contrario, una noticia negativa como el escándalo de las emisiones, hace que Volkswagen caiga en bolsa varios puntos porcentuales. Teniendo en cuenta el tamaño que tiene esa empresa y que es una de las niñas mimadas de la economía alemana, podemos deducir sin temor a equivocarnos demasiado que una buena parte de la caída inmediata de la acción por culpa de la noticia se va a recuperar en corto plazo en cuanto Angela Merkel ponga en marcha su maquinaria para mitigar el golpe a la automovilística. Tenemos entonces una oportunidad a corto plazo, ya que la caída propiciada por una mala noticia vendrá seguida por un rebote, mayor o menor. Eso dependerá del escándalo y de las manos que salgan en su ayuda.

Podemos observar cómo en apenas un mes, Volkswagen recuperó un 19 % respecto al mínimo. Habiendo registrado un mínimo de 92.36 € el 27 de septiembre de 2015 y un mes después, el 25 de octubre, cerrando a 109.30 €.

Mínimo 92.36 €, casi 20 % recuperado en 22 sesiones.

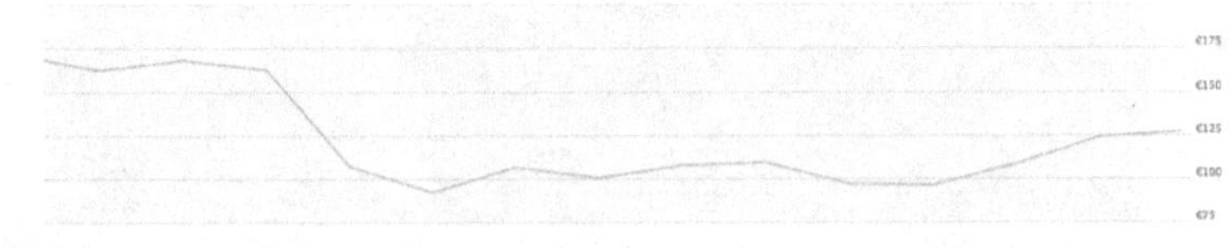

Oportunidades a largo plazo

A largo plazo también tenemos oportunidades importantes de beneficio. Sin entrar a hablar de los ciclos, las ondas y los patrones históricos repetitivos en la economía y toda la matemática que esto conlleva, nosotros sí que vemos a lo largo de nuestra vida como hay años en los que las cosas van mejor, el desempleo es bajo, se abren tiendas nuevas, la gente compra casas, coches, etc. Y hay años en los que las cosas no van todo lo bien que quisiéramos, varios conocidos nuestros están desempleados, alguno ha tenido que vender su vivienda e irse a una más pequeña, y otro se mueve ahora por la ciudad en bici porque ya no tiene coche. Estas épocas de mayor o menor bienestar son los ciclos económicos. Es verdad que cada país tiene sus propios ciclos y cada sector los suyos. Pero en general, si sentimos que la economía va bien, el retorno que nos da tener el dinero en bolsa es estable y mayor que el interés que nos da el banco, ya que el que este nos da por el dinero que le dejamos va acorde a la situación económica en que nos encontremos, al interés de la renta fija (la deuda que emiten los países), al tipo de interés oficial del dinero y al interés al que se dejan dinero entre bancos a corto plazo (Euribor, Libor, Hibor, etc).

La importancia de diversificar

Riesgos sectoriales

Hay diversos y numerosos tipos de riesgos. Riesgos propios de la empresa, riesgos del entorno y riesgos del mercado. En este apartado vamos a hablar del riesgo sectorial.

El riesgo sectorial es aquel que la empresa lleva implícito en su actividad por pertenecer al sector al que pertenece. Es decir, es ese riesgo que asume la empresa por desempeñar su actividad pero que no depende de cómo la desempeñe.

Sector	Europa del Este	Norteamérica	Asia emergente
Agricultura	Medio	Medio	Medio
Automóvil	Bajo	Medio	Medio
Farmacéutico	Medio	Bajo	Bajo
Construcción	Alto	Medio	Muy alto
Energía	Alto	Alto	Alto
Textil	Medio	Bajo	Alto

Una muestra de cómo luce un cuadro de riesgos sectoriales por territorio (ejemplo NO actualizado)

Los más directos que podemos intentar ver antes de sufrir sus consecuencias son los riesgos de la propia empresa y su sector. Por eso es tan importante conocerlos. Para poner un ejemplo claro nos remontamos al año 2008; las elecciones en Estados Unidos están a punto de celebrarse y Barack Obama tiene todas las papeletas para ser elegido nuevo presidente. ¿Qué riesgo supone la victoria de Barack Obama? Si hacemos caso a su discurso y a las políticas que quiere implementar durante su mandato, vemos que el sector armamentístico puede verse muy perjudicado por partida doble. En primer lugar, los Estados Unidos tenían varias guerras abiertas de las que el entonces posible próximo presidente tenía la intención de salir. Por lo tanto, el ejército americano no seguiría comprando armas al ritmo que venía haciéndolo hasta ahora. En segundo lugar, Obama pretendía incrementar los controles a la compra de armas por parte de particulares, aunque este sea un derecho constitucional de los ciudadanos americanos. Existe el ejemplo de California, donde la limitación a la compra y posesión de armas de gran calibre y las trabas estatales a la hora de poseer y comprar armas son una realidad; por lo tanto existe la posibilidad de que más estados implementen dichas restricciones.

Las semanas posteriores a la victoria de Obama las ventas de armas se dispararon, pues la gente quiso comprar en previsión de un posible endurecimiento de la ley o incluso de la supresión de la segunda enmienda, pero las acciones de compañías como Smith & Wesson (ahora American Outdoor Brands Corp.) no pararon de caer.

Los primeros cuatro años de mandato fueron durante la crisis económica mundial y el mercado entero entró en un estado de letargo. Los cuatro siguientes supusieron la confirmación de que entre las palabras y los hechos había mucho camino. La regulación al respecto de la venta de armas seguía siendo la misma, y en cuanto a la presencia americana en las guerras en el extranjero, lejos de ir a menos fue a más, cosa que benefició a manufacturas armamentísticas a pequeña y gran escala.

En este ejemplo el riesgo arroja un resultado negativo para el sector en cuestión, ya que ganó Obama. Pero, ¿y si hubiera ganado John McCain? Con un candidato cuya afinidad al ejército y su apoyo al sector armamentístico no es un misterio, ¿qué creéis que habría pasado con el valor de dichas empresas las semanas posteriores a su victoria? Lo más probable es que la venta de armas se hubiera mantenido igual y las acciones de estas empresas no hubieran sufrido la caída que sufrieron con Obama.

Os enseño una comparativa de las dos empresas que he mencionado en un periodo de diez años:

Lockheed Martin Corp.:

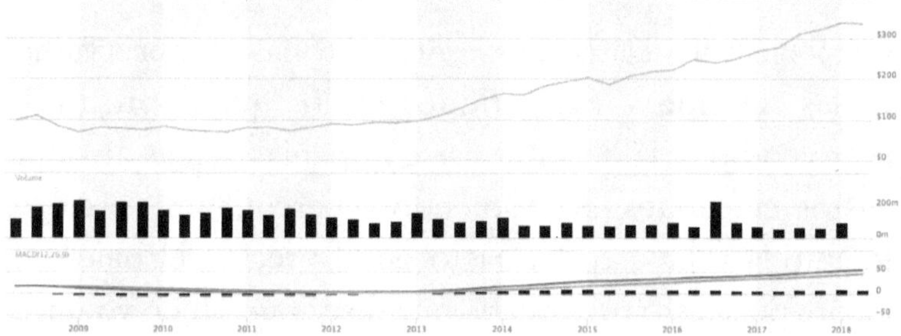

Podéis ver que en el periodo 2009-2012 el valor de la acción estuvo sumergido en un túnel horizontal sin apenas volatilidad, en el cual entró después de un 2008 de caídas. A partir de 2012 entra en un ciclo alcista que continúa a día de hoy. El actual presidente de los Estados Unidos ha firmado la modernización del ejército, lo que incluye millones de dólares de inversión en aeronaves nuevas, fabricadas con la ayuda de los sistemas que desarrolla Lockheed Martin.

American Outdoor Brands Corp.:

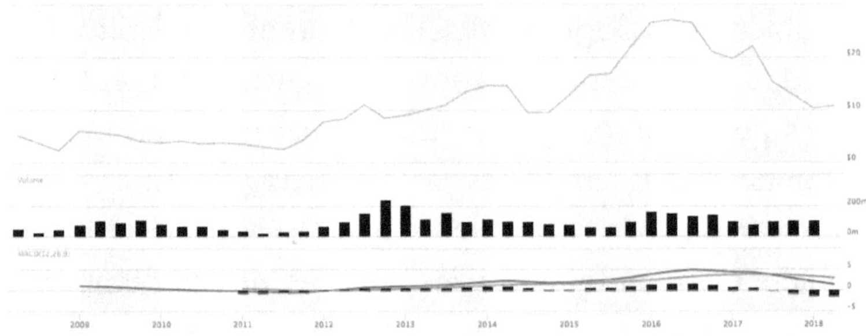

En esta gráfica podemos observar cómo al terminar la crisis económica, los resultados de empresas del ocio de exterior como son la caza y el tiro recreativo empezaron a mejorar, y con ello su cotización empezó a subir.

Otro ejemplo claro de riesgo sectorial lo observamos en las aerolíneas. En periodos en los que el precio del petróleo no deja de subir, las compañías aéreas afrontan gastos crecientes, no pudiendo repercutir proporcionalmente la totalidad del gasto en el precio del billete de avión, pues esto provocaría una disminución de volumen de negocio inmediata debido –entre otros motivos– a que algunas compañías compran por anticipado su combustible. Por lo tanto, si Iberia (IAG) compra por anticipado su combustible y los precios comienzan a subir, tendrá margen de maniobra frente a –por ejemplo– EasyJet, que compra su combustible día a día, pudiendo así aguantar más tiempo sin trasladar al consumidor el coste creciente de repostar los aviones.

En la imagen el Öresund, que es la división entre Suecia y Dinamarca, vecinos de región de dos países con fuertes ingresos provenientes del petróleo como lo son Holanda y Noruega.

Cada sector tiene riesgos, pero muchas veces estos no son tangibles como costes crecientes, impuestos o tarifas, sino que son riesgos de imagen. Un ejemplo son las compañías mineras que cotizan en bolsa; su retorno y su beneficio por acción pueden ser mucho mayores que los de, por ejemplo, Apple. Pero la mala imagen que tiene la actividad minera frente a la imagen de empresa comprometida en causas sociales que tiene la tecnológica, juega un papel crucial a la hora de recibir al pequeño inversor, que aunque sea pequeño en volumen de inversión, aglutina un porcentaje importante del dinero que reciben empresas con buena imagen social.

Por lo tanto, los riesgos sectoriales son probablemente el tipo de riesgo que con mayor facilidad captemos, pues solo hace falta echar un vistazo a la sociedad en su conjunto para saber a qué tienen que enfrentarse las empresas día a día.

El riesgo sectorial tendremos que mezclarlo con el territorial que explico a continuación. No es lo mismo ser una cadena de comida rápida en los Estados Unidos (McDonald's cotiza en bolsa, entre otras cadenas) que serlo en Andorra.

En los países más desarrollados se tiende a abusar de la llamada comida basura.

Riesgos territoriales y contextuales

Más riesgos que podemos encontrar son, por ejemplo, los contextuales. Es lo que le sucedió a Repsol YPF en Argentina cuando unilateralmente el gobierno de Kirchner decidió nacionalizar la filial de la empresa española en un peligroso giro hacia el intervencionismo. La inestabilidad política es un gran riesgo para las inversiones de las multinacionales, que además suelen ser de miles de millones de euros. Las acciones de Repsol que compramos en la Bolsa de Madrid se van a ver perjudicadas por cualquier actuación política que les perjudique en los países donde tienen invertido dinero, por lo tanto el riesgo del entorno donde se encuentre la empresa en la que queremos invertir es muy importante.

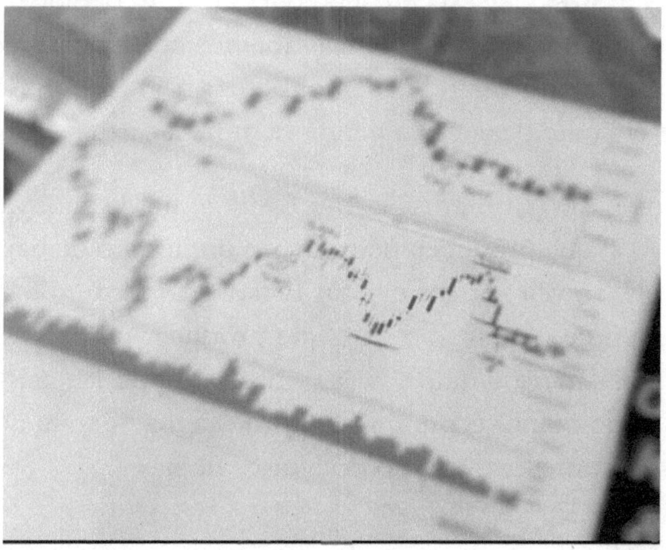

En cualquier momento podemos ver nuestra inversión amenazada por un cambio brusco en las circunstancias.

No es lo mismo que el Corte Inglés pretenda abrir más tiendas en Portugal a que quiera abrir un centro en la India, donde las leyes cambian según el distrito donde estés, hasta el extremo de poder ir andando por una ciudad, comprar en tres tiendas distintas y haber pagado un impuesto al consumo distinto en cada una de ellas. Esta falta de homogeneidad legislativa propia del territorio indio hace que las inversiones en este país para empresas extranjeras requieran de muchísimo capital y tengan aparejado un gran riesgo.

Los riesgos del contexto son los derivados de estar en el lugar equivocado en el momento equivocado. No solemos ir a tomar una caña en el bar de al lado del estadio cuando los ultras de un equipo ruso están de visita en la ciudad; del mismo modo, no compramos acciones de una empresa que está en pendiente negativa debido a una situación en concreto. Nunca sabemos cuándo va a parar la caída de un valor y debemos actuar bajo la premisa de que el límite de la caída tiende siempre a cero.

Si los EAU (Emiratos Árabes Unidos) no disminuyen el ritmo al que producen petróleo, en un intento de bajar el precio a niveles en los que los Estados Unidos no tengan margen de beneficio y dejen de producir, no existe una fórmula mágica que nos diga hasta dónde llegará este pulso de titanes económicos. Por lo tanto, se trata de un riesgo contextual que no podemos medir.

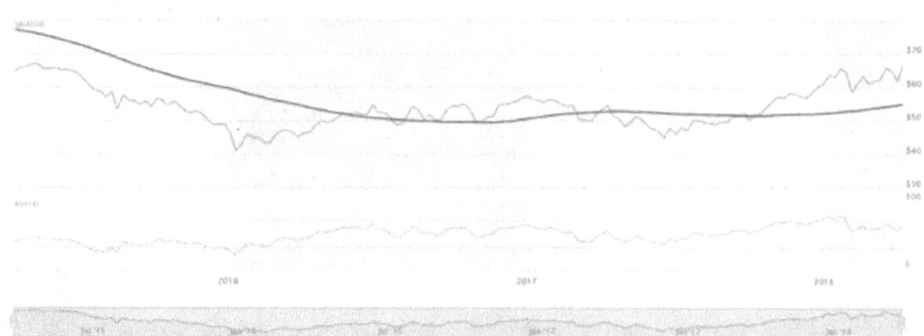

Evolución de los futuros de crudo en los últimos tres años y, resaltado en negro, la curva de tendencia promedio que nos enseña una tendencia moderadamente bajista.

Por otra parte, nos encontramos con el riesgo territorial. Hay empresas muy grandes cuya producción y mercado se encuentra concentrado en un territorio muy concreto. Para este ejemplo usaremos empresas que cotizan en el NYSE (New York Stock Exchange), ya que lo vemos más habitualmente en un país que tiene el tamaño de Europa en cuanto a población.

Tenemos un ejemplo muy claro con la empresa de productos alimenticios Hershey. Esta empresa, con sede en el estado de Pensilvania, tiene toda su producción localizada dentro de EEUU y en torno al 85 % de sus ventas son dentro de territorio americano. Por lo tanto, la situación económica de un territorio tan concreto como es un solo país influye enormemente en las cuentas de Hershey, no pudiendo mitigar el impacto de una crisis local. Así pues, los riesgos territoriales, entendidos como los relativos a la situación geográfica del negocio, son un foco de atención importante a la hora de invertir.

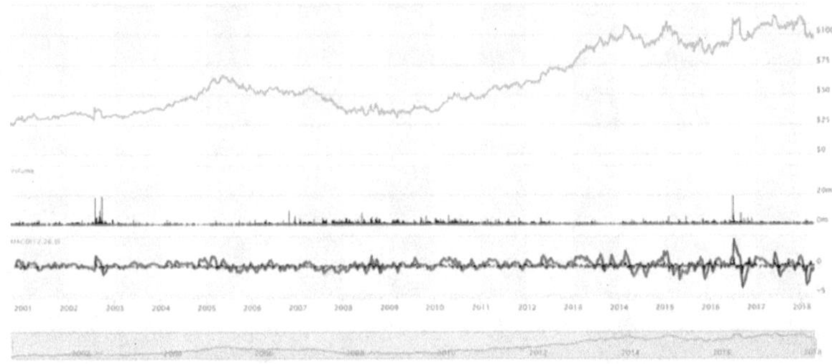

Progresión de Hershey en los últimos diecisiete años. Los pequeños saltos que vemos en la cotización son los intentos de OPA hostil que ha venido sufriendo, entre otras noticias.

En realidad, estos riesgos territoriales deberían de ir siempre de la mano de otros riesgos. Es muy común mezclar territorial con sectorial, como os enseñé en el cuadro del apartado anterior referido a riesgos sectoriales. Es obvio que los distintos territorios del mundo se mueven a velocidades diferentes los unos de los otros, y cuando África necesita construir infraestructura, Europa está explotando el sector servicios tecnológicos.

De analizar este parámetro territorial surgen los famosos acrónimos de países en los que invertir, o no, en determinado momento. Todos hemos oído alguna vez hablar de los BRIC (Brasil, Rusia, India y China) y lo bien que se desempeñaban sus bolsas, o de los PIGS (Portugal, Irlanda, Grecia y España) por el daño que había hecho la crisis de 2008 en sus economías.

Riesgos de competencia

A la hora de invertir es importante diversificar. Pero dentro de esa diversificación del riesgo es importante no ponernos zancadillas a nosotros mismos. Esto es, Apple y Samsung pueden competir duramente en venta de teléfonos móviles, pero cuantos más teléfonos venda Apple más pantallas le suministra Samsung, ya que de momento es su proveedor. Por lo tanto, aunque parezca a simple vista que apostar por el bienestar de una empresa es apostar por la caída de la otra, en realidad no son competencia, sino que se elevan mutuamente. Caso contrario sería, por ejemplo, un monopolio como el que tenía Telefónica en su momento en líneas telefónicas en España. Cuando se abre el mercado y entran nuevas empresas a ofrecer sus servicios, pretender que a corto plazo tanto Telefónica (ahora Movistar) como sus competidores se disparen al alza es una idea un tanto alejada de la realidad.

Estos riesgos de competencia pueden aparecer incluso entre empresas que en un principio parecen estar desvinculadas la una de la otra. Un ejemplo podría ser Netflix, el operador de vídeo de contenido en *streaming* (series y películas por internet), y el fabricante de *snacks* Pepsico (aparte de Pepsi, son dueños, por ejemplo, de Lays). Estas dos compañías pueden parecer independientes la una de la otra, pues cada una se dedica a algo distinto, incluso forman partes de índices diferentes: una está en el grupo de las tecnológicas y la otra del industrial. Pero en el fondo comparten más de lo que imaginamos. Si la gente va menos al cine y se queda en casa disfrutando de estos servicios de *streaming*, el consumo en casa de patatas fritas y demás chucherías aumentará también. Por lo tanto, en los resultados de ambas compañías puede haber un incremento similar (en porcentaje y proporción, no en valor absoluto).

Otros riesgos

En el mundo hipercomunicado en el que vivimos, la velocidad a la que circula la información es a la vez un buena y mala. Estamos enterados de todo lo que ocurre casi a tiempo real, pero también nos equivocamos a tiempo real.

david osman
Investment Strategist / Day Trader Futures & Options

Today we watch a fiery chess game. The US is trying to change the way things had been made lately by putting its people first and bringing back the greatness to the country of opportunities. Today, Fed will hike interest rates and the EIA will tell us if cheap oil is here to stay. Meanwhile, gold is trying to reverse the downtrend and major indexes are breathing just above water level...

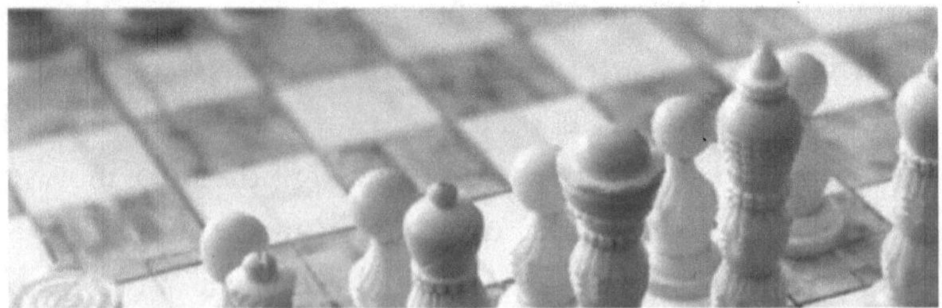

Ejemplo de post en red social.

Por ejemplo, imagina que tienes acciones de Banesto y estamos en el año 1994. Sale en las noticias que Mario Conde ha sido arrestado por apropiación indebida, estafa y falsedad en documento mercantil. ¿Qué crees que ocurrirá con las acciones de Banesto acto seguido? ¿Es ese tipo de riesgo el que podemos prever de algún modo? Los altos directivos de la empresa y su comportamiento son directos responsables del comportamiento a corto plazo de la cotización de un valor, pero lo normal es que nos pille por sorpresa una noticia de este tipo. Lo que debemos aprender en estos casos es a controlarnos, no perder los nervios y analizar la situación detenidamente. Si nos ha pillado de lleno, provocando grandes pérdidas en nuestra inversión, y no teníamos una *stop-loss* creada, debemos pararnos a pensar si el impacto del hecho inesperado se va a alargar en el tiempo o por el contrario se va a diluir en los días siguientes.

Otro ejemplo: Stephen Wynn, fundador y ex-CEO de Wynn Resorts fue acusado de acoso sexual a principios de 2018; las acciones de la empresa de ocio y alojamiento no pararon de caer hasta que Wynn anunció su renuncia como CEO de su propia empresa, tranquilizando de esta manera a inversores, grandes y pequeños, que no querían a cargo de la empresa a un individuo con causas pendientes con la justicia. Se prueben ciertas o no en el futuro, todas estas noticias tienen un impacto inmediato en la cotización de un valor. En el mundo actual, las noticias en prensa, Twitter o cualquier otro medio de comunicación sobre un tema, personaje o entidad en concreto tiene una reacción inmediata; si es positiva o negativa dependerá de la información volcada al público.

Steve Wynn es acusado (caída en bolsa de mas del 20 %)
SteveWynn renuncia como CEO (subida de casi el 10 %).

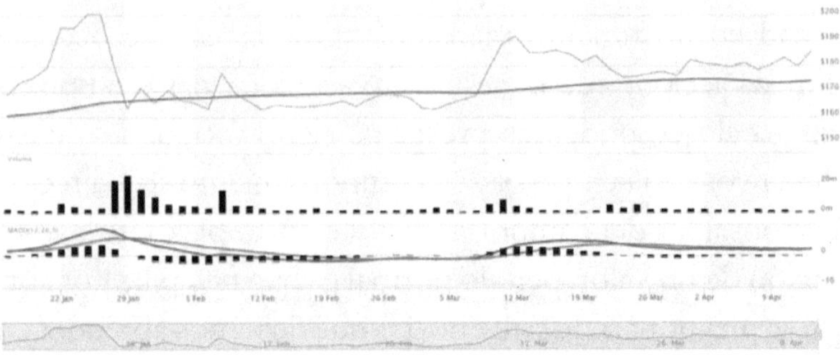

Acción-reacción del mercado a las noticias, Wynn Resorts Ltd.

Qué debería saber sobre una empresa antes de invertir

Definimos el análisis de ratios como el análisis cuantitativo de la información contenida en los estados financieros de una empresa. Con ello evaluamos distintos aspectos de su desempeño operativo y financiero, como pueden ser la eficiencia, la liquidez, la solvencia o la rentabilidad.

¿Qué es un ratio? Un ratio es cualquier cifra extraída de calcular la relación que hay entre dos cantidades. Desde cuántos céntimos de euro sacamos de beneficio por cada euro que invertimos de más en producción, hasta cuántos euros debemos por cada euro que ingresamos.

Las seis ramas en las que dividimos los ratios son:

- **Ratios de liquidez:** miden la habilidad que tiene la empresa para pagar su deuda a corto plazo, lo que vienen siendo sus gastos mensuales.

- **Ratios de solvencia:** evalúan si una empresa puede cubrir con su activo el pagar su deuda a largo plazo y los intereses que esta genera.

- **Ratios de rentabilidad:** nos muestran el retorno que es capaz de generar la empresa con su actividad.

- **Ratios de eficiencia:** también llamados ratios de actividad, auditan el uso que hace de los recursos la actividad desarrollada, para maximizar ventas y producción.

- **Ratios de cobertura:** son ratios de deuda que nos enseñan la capacidad de cubrir los gastos generados por la deuda, sus intereses y comisiones.

- **Ratios de perspectiva de mercado:** son los más usados por el inversor particular y en el análisis fundamental. Los usamos para medir lo que podemos llegar a obtener por nuestra inversión.

Uno de los ratios que más leemos y escuchamos cuando oímos hablar de los resultados de una empresa, y que forma parte de esos ratios de análisis fundamental o ratios de perspectiva de mercado, es el llamado EPS (*earnings per share*) o beneficio por acción (BPA).

El EPS sale siempre en las juntas de accionistas y en cualquier noticia empresarial que leamos, pues es un indicador muy simplista de cuánto dinero genera cada acción que poseo de una compañía, y eso al inversor le sirve para medir el retorno que está teniendo a lo largo del año con su inversión. El EPS es el principal componente que usamos a la hora de calcular el ratio de precio-beneficio con el que medimos si una acción está considerada "cara" o "barata" (en inglés, ratio P/E, donde la E es el EPS).

El truco radica en no fijarse en el valor absoluto del EPS o del P/E (*price/earnings* = precio-beneficio), y que este nos convenza en su valor relativo en comparación con los ratios de la competencia, o el ratio de esa misma empresa en periodos anteriores, en definitiva, el ratio del ratio. Por esta razón mirar en páginas web o revistas los ratios de cualquier empresa sin ponerlos en perspectiva es como tomar una foto del atardecer apuntando la cámara al suelo; el reflejo puede ser bonito, pero el verdadero espectáculo está si miras más lejos. Por lo tanto, si vais a fijaros en los ratios, acordaos siempre de compararlos como mínimo con los mismos ratios de los tres trimestres anteriores, para así tener un ciclo de un año, y si podéis, con los mismos ratios de dos empresas que sean competencia directa a la vuestra.

Apple	18.91 USD/acción
Hewlett Packard	18.63 USD/acción
IBM	25.72 USD/acción

P/E ratio de tres tecnológicas en el primer trimestre de 2018

Si, por ejemplo, el EPS promedio de los bancos estadounidenses es de 3.50 dólares por acción y nos encontramos con un banco cuyo EPS es de 1.15 dólares por acción, podemos pensar que ese banco en concreto nos da poco beneficio; pero si este EPS se lo dividimos al precio de la acción y tenemos un ratio P/E inferior a la media del sector, entonces nuestro banco está infravalorado con respecto a la competencia. Si por el contrario damos con un banco con un EPS de 4.50 dólares por acción, pero a la hora de hacer el ratio P/E vemos que es superior al promedio, debemos pensar a priori en una sobrevaloración y por lo tanto en la no viabilidad de la inversión, aunque luego probemos lo contrario con otros ratios.

Según el sector en el que se encuentre nuestra empresa debemos dar más importancia a unos ratios que a otros. No es lo mismo un ratio de endeudamiento en una entidad financiera que en una empresa de comunicaciones.

Os pongo un ejemplo donde vemos tres empresas de tres sectores distintos con distintos ratios que podemos encontrar, y no por eso tienen mayor o menor importancia por sí mismos:

Empresa (sector)	Bank Of America (banca)	Disney (entretenimiento)	Biogen (biotecnología)
Cotización 29/Dic/2017	29.52 USD	107.51 USD	318.57 USD
EPS[1]	1.63	5.73	11.94
E/P[2]	18.11	18,76	26,68
Pretax[3]	16.75 %	-7.26 %	3.97 %
IE[4]	No aplica	21.08 %	-5.54 %
II[5]	12.71 %	No aplica	No aplica

1. Beneficio por acción básico promedio en 2017.
2. Precio-beneficio a cierre de 2017.
3. Crecimiento del resultado antes de impuestos en 2017 respecto de 2016.
4. Crecimiento del gasto en intereses pagados por deuda.
5. Crecimiento del ingreso recibido por préstamos otorgados.

Si comparamos EPS (1) de Disney con Bank of America observamos que Disney nos va a reportar más de tres veces el beneficio por acción que nos da el banco, pero si relativizamos ese retorno a lo que nos cuesta invertir en cada acción vemos que el E/P (2) es bastante similar y ambas compañías nos van a dar una rentabilidad equiparable.

Si nos fijamos en el Pretax (3) de Disney sin fijarnos en los gastos que ha tenido este año, podemos llegar a pensar que el gigante ha dejado de ingresar muchos millones, cuando en realidad la razón por la cual el resultado antes de impuestos ha caído tanto puede explicarse en gran parte por las obras de apertura del Toy Story Land en varios parques Disney del mundo, el Star Wars Land de Orlando y otros gastos de gran importe que el gigante del entretenimiento está acostumbrado a hacer.

Como los impuestos que paga una empresa varían según dónde se encuentre su negocio, hay que ver las cifras de negocio antes de impuestos, pues esto nos da una idea más real de lo que en verdad es el balance. Hemos visto antes el ratio de resultado antes de impuestos. Siendo la de los impuestos una partida importantísima de analizar, no nos olvidemos de ella. Compararemos este ratio antes de impuestos con el ratio después de impuestos, y así tendremos la adecuada geo-localización de recursos de la empresa. Si una empresa está pagando demasiados impuestos, puede ser por una mala gestión. Eso lo tendríamos que mirar caso por caso, pues en ocasiones la calidad depende de la ubicación, y los compromisos sociales adquiridos por dicha empresa —en este caso los impuestos— son un pequeño peaje a pagar por cumplir esos compromisos de calidad y bienestar.

Estados Unidos	**21%**
Canadá	**28%**
Alemania	**29,79%**
Francia	**33,3%**
Italia	**24%**
Japón	**30,86%**
Reino Unido	**19%**
Rusia (temporalmente suspendida)	**20%**

Cuadro comparativo del impuesto de sociedades en los países del G8 (tipo base del impuesto, sin tener en cuenta deducciones).

Dividendos

En general, cuando hablamos de dividendos hablamos del pago por parte de una empresa al accionista usando el exceso de beneficio del ejercicio. Hay otros tipos y definiciones de dividendos que veremos un poco más adelante.

El hecho de recibir dividendos puede ser un interesante atractivo a la hora de invertir, si lo que queremos en monetizar periódicamente nuestra inversión sin tener que vender nuestra participación.

Como os comentaba en capítulos anteriores, BME (Bolsas y Mercados Españoles) es una de esas empresas que siempre reparte dividendos entre sus accionistas. Por su modelo de negocio, la partida de gastos no tiene sobresaltos, y los ingresos suelen tener un flujo bastante constante, por lo que año tras año declara beneficio. ¿Qué pasa? BME no puede reinvertir ese beneficio fácilmente pues sus medios no requieren de facturas elevadas y actualizaciones costosas. Sus reservas han llegado ya a límites legales que no pueden ser excedidos, de ahí que sus accionistas cobren año tras año un dividendo. Para el 2016, por ejemplo, los tres dividendos que dio BME sumaron 1.93 € por acción. Estos dividendos fueron ordinarios los tres, dos fueron a cuenta y uno complementario. Y, ¿esto qué quiere decir? Tenemos varios tipos de dividendos. Os enseño el glosario que Bolsa Madrid pone a nuestra disposición, donde se explica muy bien los tipos de dividendos:

DIVIDENDO	Parte del beneficio líquido total conseguido por una sociedad mercantil y que, en la medida que acuerde el órgano administrativo y apruebe la Junta General, constituye la base de reparto entre los accionistas según el número de acciones que posean y en que esté dividido el capital social. Los dividendos se configuran como la retribución a los accionistas o propietarios de la empresa, o dicho de otro modo, la forma de remunerar el capital propio de la empresa.
DIVIDENDO A CUENTA	Distribución entre los accionistas de parte del beneficio previsto con anterioridad a la aprobación de las Cuentas Anuales. Se aprueba por el Consejo de Administración a la vista de la marcha del ejercicio y posteriormente será aprobada la aplicación del resultado en la Junta General Ordinaria.
DIVIDENDO BRUTO	Dividendo al que no se le ha detraído la retención a cuenta del Impuesto sobre la Renta.
DIVIDENDO COMPLEMENTARIO	La Junta General , al aprobar la aplicación del resultado y fijar definitivamente el dividendo a abonar a los accionistas, acordará el pago del dividendo complementario cuando ya se hubieran abonado cantidades a cuenta.
DIVIDENDO EN ACCIONES	El reparto del dividendo puede coincidir con una operación de capital. En este caso, los valores de reparto de beneficio y de ampliación pueden ser los mismos, con lo que se trataría de un aumento del capital liberado con cargo a beneficios. También puede darse el caso de una ampliación de capital en parte con cargo a beneficios y en parte con desembolso en efectivo. Asimismo, pueden provenir de reparto de acciones procedentes de la autocartera de la sociedad. Implica una reducción de reservas y un aumento del capital social.
DIVIDENDO EXTRAORDINARIO	Dividendos a repartir cuya procedencia no son los beneficios generados por la actividad normal de explotación de la empresa, sino que se trata de beneficios de naturaleza extraordinaria.
DIVIDENDO PASIVO	Parte del capital suscrito y no desembolsado cuyo pago es requerido por la sociedad, de una sola vez o de manera fraccionada, a los accionistas.
DIVIDENDO UNICO	Es el pago del dividendo que hacen las empresas de una sola vez. No dan complementarios y a cuenta sino que una vez al año deciden pagar de una sola vez todo el dividendo.

Debemos tener muy en cuenta que la política de dividendos se ve reflejada directamente en la cotización de un valor, pues el dinero que se entrega por dividendo es dinero que no se queda en la compañía. No podemos pretender recibir x euros de dividendo y que a la vez la acción suba esos x euros y más. Por eso debemos tener en cuenta la política de dividendos a la hora de decidir el plazo que queremos fijar para nuestra inversión.

Contexto actual

Antes de atar nuestro dinero a una inversión debemos parar el reloj un momento y situarnos. Necesitamos contextualizar nuestra inversión en tiempo y territorio. ¿Vemos lógico invertir en un banco al que acaba de rescatar el gobierno meses atrás? Dicho rescate puede reflejar la importancia del banco, ya que el gobierno antes que dejar hundir al banco ha decidido inyectar dinero del contribuyente para salvar sus cuentas. Pero un rescate bancario, aunque su origen de cara al público sea lo duro que ha azotado una crisis mundial (esta suele ser la excusa en casi todos los casos), en muchos casos es un reflejo de un manejo inapropiado del riesgo por parte de la entidad, de una política de inversiones al menos cuestionable o, en el peor de los casos, de una corrupción en los cargos que ha drenado la liquidez de los balances.

Si seguimos día a día las noticias locales e internacionales estaremos informados de la situación en la que se encuentra el mundo a día de hoy. La lucha por eliminar el machismo, el esfuerzo por frenar la aceleración del cambio climático, la crisis de los refugiados, la corrupción en muchos países, etc. Todo esto suma inestabilidad y crispación. Cualquier noticia, por pequeña que parezca, puede ser la chispa que incendie un colectivo y arrastre con su enfado a un sector en concreto. Desgraciadamente, están muy de moda en las redes sociales los "boicots" a determinados productos, ya sea a una empresa en concreto o a una región en particular.

***Contexto**: Facebook ha sido multada por tribunales del Reino Unido por infringir las leyes de protección de datos. La multa fue la máxima estipulada en estos casos y bajo su legislación. La noticia sacudió ese día la cotización de Facebook, que cayó 7 % esa jornada. Sin embargo, Facebook ha sido multada en numerosas ocasiones por tribunales de todo el mundo; en España sin ir más lejos fue multada con más de un millón de euros en 2017. Lejos de recuperarse al día siguiente de esta caída del 7 %, la acción siguió cayendo, pero no por el escándalo en sí, cuya importancia es relativa al ser las prácticas de la compañía a la hora de compartir información de sus usuarios entre sus distintas plataformas (Whatsapp, Instagram, Facebook, etc.) algo bien conocido, sino por el hecho de que su fundador, Mark Zuckerberg, no compareciera públicamente para dar alguna explicación, disculparse o tan siquiera dar la cara. Además, el público sabe que el CEO de la compañía a la que acaban de multar está al tanto de la situación. Por lo tanto, el golpe recibido por Facebook es doble: en primer lugar por la condena real por parte de los tribunales, y en segundo lugar por la condena mediática. Dejamos de lado la investigación por parte de la FTC (la Federal Trade Commission, entidad que vela por el cumplimiento de los derechos del consumidor en EEUU).

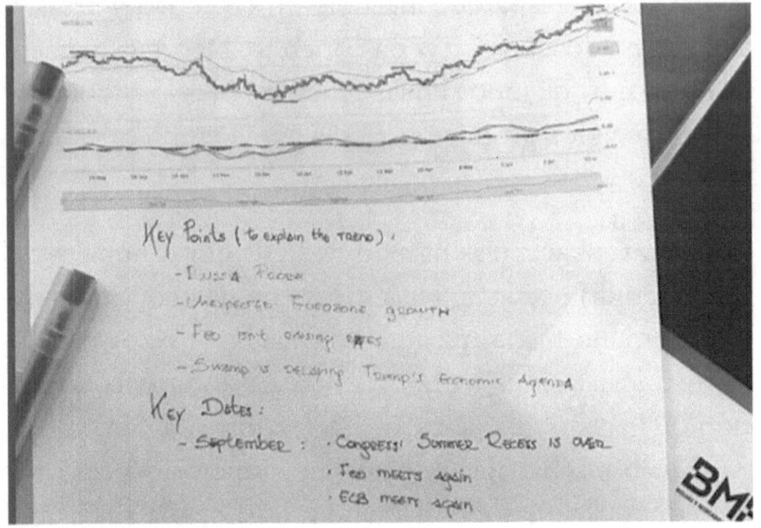

Debemos estar al día en cuanto a las fechas y asuntos importantes que puedan afectar nuestra cartera.

Con la temperatura de la sociedad a niveles nunca antes vistos, no es lo mismo que a una empresa la acusen de pagar sueldos abismales a sus directivos, a una acusación por contaminar con sus fábricas, explotar salarialmente a sus empleadas o hacer la vista gorda por violaciones de los derechos humanos en países del tercer mundo donde tienen fábricas. Aunque a nosotros nos parezca más grave un comportamiento que otro, no entro a valorar cual es más reprochable; es el conjunto de la sociedad el que va a marcar el camino a seguir por las grandes compañías, al menos de cara a la galería.

Tenemos un claro ejemplo con la victoria de Donald Trump. Muchas de las empresas del Fortune 500 (las 500 empresas más grandes de Estados Unidos, que también elaboran el *ranking* mundial en el Fortune Global 500) han manifestado públicamente su descontento con el resultado de las elecciones. La sociedad se manifiesta en ese sentido mucho más que a favor del nuevo presidente americano, lo que no quiere decir que haya más personas en contra que a favor del presidente. Este ha ganado unas elecciones, lo cual significa que tiene el respaldo de millones de ciudadanos; sin embargo, sí debemos tener muy en cuenta que el ruido que hace la parte de población que no lo acepta tiene una mayor visibilidad.

Empresas como Apple se posicionan públicamente del lado de la mayoría visible y sonora, aunque luego, en casos puntuales, están plenamente de acuerdo con las medidas tomadas por Trump. En el caso concreto de Apple, la bajada del impuesto de sociedades y la amnistía fiscal supone para ellos un ahorro de cuarenta y siete billones de dólares para el ejercicio 2017 (en economía, un billón equivale a mil millones). La amnistía fiscal por repatriar el dinero que tienen depositado en el exterior supone tener la posibilidad de traer de vuelta a "casa" doscientos cincuenta y dos billones de dólares más. Las tarifas impuestas a la importación de aluminio proveniente de China, aunque a priori puedan desencadenar una subida en el precio de ciertos bienes, supone un empujón en el afán que tiene Apple por nacionalizar al máximo posible la fabricación de sus productos.

La guerra de tarifas EEUU-China

El presidente Xi pierde un punto a favor de los Estados Unidos bajando las tarifas a las importaciones de coches americanos y comprometiéndose a que las leyes de propiedad intelectual dentro de territorio chino se cumplan, pues las empresas extranjeras que fabrican productos en China se quejan del espionaje industrial que sufren habitualmente.

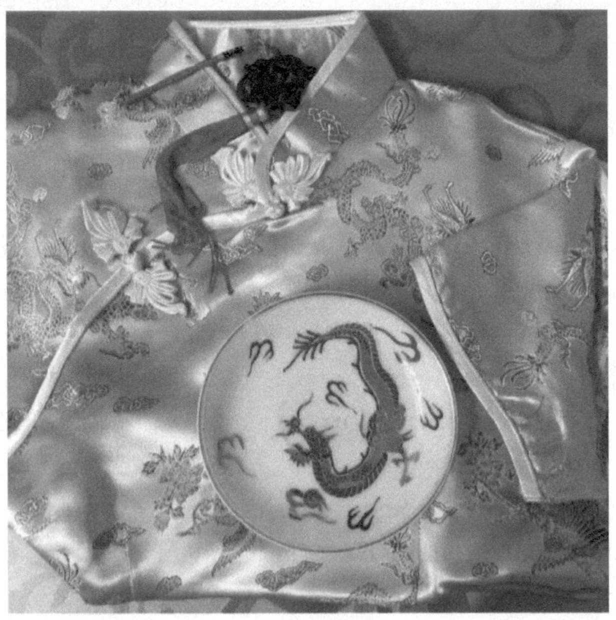

Los pulsos entre potencias para inclinar la balanza en uno u otro sentido no son nada nuevo, desde principios del siglo pasado tenemos ejemplos. China es una experta en cuanto a manipulación comercial se refiere.

Con todo esto quiero decir que nunca debemos olvidar el contexto en el que vivimos. Todas las historias tienen muchas caras, y si procuramos recopilar la mayor cantidad posible de información seremos capaces de escoger el rumbo de nuestra inversión sin caer en demasiados sesgos o desviaciones de la realidad. Muchas veces lo que vemos no es lo que compramos, y el dinero no entiende de política cuando entra por la puerta.

Modelo de negocio pasado, actual y futuro

Si queremos una inversión a largo plazo, de esas que pasan años antes de que se nos pase por la cabeza vender las acciones que poseemos, tenemos que dedicar tiempo a la empresa en la que hayamos pensado invertir. Además de su estado actual, es conveniente analizar qué ha hecho esta empresa a lo largo de los años, y teniendo en cuenta esa trayectoria, cuál es el trayecto posible que vaya a seguir.

Un "unicornio" (empresas tipo *start up*, de nueva creación, cuya capitalización es superior a los mil millones, o sea, un billón) no será a priori una buena inversión a largo plazo, pues no tenemos puntos de referencia pasados, ni de cuentas, ni de gestión. A corto plazo es otra historia: si un "unicornio" tiene un *rally* en su IPO, este suele ser bastante pronunciado.

Empresa	Precio de salida	Rally el día de su IPO
Snapchat	17.00 USD	+60 %
Shake-Shack	21.00 USD	+120 %
Dropbox	21.00 USD	+35 %

Algunos ejemplos de rally de IPOs de "unicornios" el día de su salida a bolsa.

Hemos visto salidas a bolsa que fueron un éxito porque las compañías gozaban de una imagen pública extendida y todo el mundo quiere formar parte de una empresa que conoce y cuyos servicios usa. Pero no todas las salidas a bolsa tienen éxito, por mucha fama que tenga la empresa. Algunas incluso descapitalizan a la empresa nada más salir. Por eso, el cálculo del momento exacto para salir a bolsa es tan importante. Hace falta encontrar el *timing* perfecto, el contexto adecuado.

Precio de salida	Cierre el día de su IPO	Cierre una semana después
38.00 USD	38.23 USD (+0.6 %)	28.84 USD (-24 %)

IPO de Facebook, 18 de Mayo de 2012.

Si analizamos una compañía como 3M, que ha evolucionado con el paso del tiempo teniendo por común denominador su inversión en I+D+I (investigación, desarrollo e innovación) como modelo de negocio, podemos intuir que a largo plazo seguirá por el camino del I+D, enfocándose en los sectores que puedan generar más volumen de negocio y cuya modernización suponga una mejora en el bienestar de la sociedad.

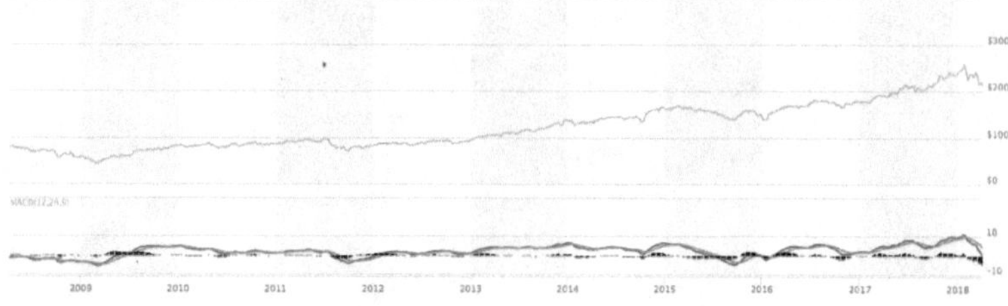

Evolución de 3M en los últimos 10 años.

Como podemos observar, la cotización de 3M tiene una suave pendiente positiva a partir de 2009. En 2008 cerró con una caída de casi el 50 %; recordemos que la crisis de 2007-2008 con la caída de Lehman Brothers y el colapso de las hipotecas subprime supuso un golpe de entorno al 10 % del PIB de los países desarrollados. De haber invertido en 3M en el primer trimestre de 2009, supondría haber comprado la acción a un precio comprendido entre 40 y 55 USD. Si 3M es nuestra acción-ahorro a muy largo plazo, hoy nuestra acción tendría un valor de aproximadamente 210 USD, esto es, un 400 % más que hace nueve años. Si hubiéramos mezclado inversión a muy largo plazo con análisis de curvas, habríamos entrado y salido de 3M tres veces, aumentando con esto nuestro beneficio hasta un 450 % aproximadamente. Todo esto sin necesidad de aplicar una matemática avanzada, simplemente saliendo del mercado en el momento de una corrección. Desde 2009 no ha entrado en territorio "oso" aunque sí ha tenido correcciones puntuales.

Fachada de la Bolsa de Barcelona.

Las correcciones son esa caída de valor de en torno al 10 % respecto del último máximo alcanzado por nuestra acción, índice, materia prima, etc. Si esta corrección se aproxima al 20 % en un periodo muy corto de tiempo, el consenso son cincuenta sesiones, seguirá siendo corrección. Pero si esta caída se extiende más allá de las cincuenta sesiones, entramos en territorio "oso". Por lo tanto analizaremos nuestra acción en periodos trimestrales, tomando nota de los mínimos y máximos que se vayan registrando.

Entender de dónde viene una empresa y hacia dónde se dirige es una de las claves para elegir correctamente una inversión a muy largo plazo. Os pongo otro ejemplo: The Hershey Company, empresa familiar dedicada principalmente a la venta de golosinas, lleva años invirtiendo en sus trabajadores y es una de las empresas mejor valoradas por sus empleados. Se preocupa del bienestar económico de la región en la que se encuentra y ha salido victoriosa de varias OPAs hostiles de las cuales ha sido objetivo (una OPA es una Oferta Pública de Adquisición, y la definimos como la oferta monetaria que se hace por una empresa que se desea controlar cuando esta no se encuentra en venta).

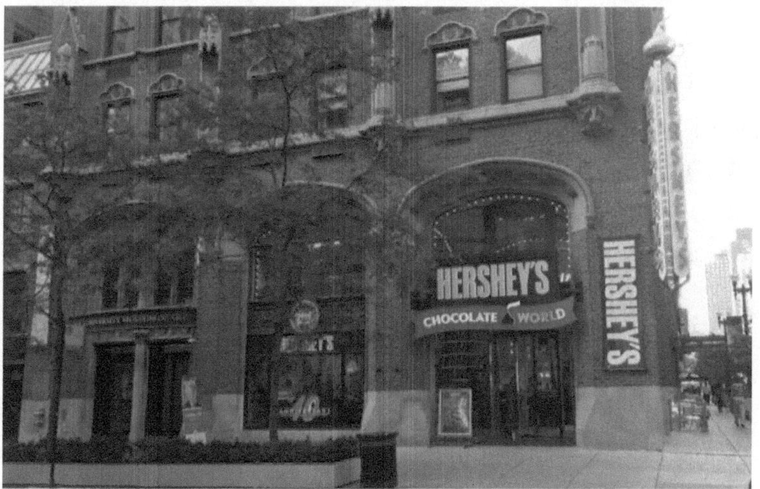
Tienda Hershey´s en Chicago.

Aunque todo puede cambiar de la noche a la mañana, una empresa como Hershey's nos da la seguridad de que sus dueños no trabajan para ganar cada vez más dinero, sino para hacer un bien en la sociedad, y para ellos la estabilidad de sus trabajadores está por encima del beneficio económico de sus accionistas. Esto se traduce en un control de calidad de la gestión que nos tranquiliza en cuanto a posibles corrupciones en la administración, aunque a su vez nos ponga de manifiesto que es más importante el bienestar que la reducción de costes, cosa que puede jugar malas pasadas en momentos puntuales: un trimestre flojo lo tiene cualquiera, pero no todas las empresas actúan de inmediato para paliar los menores ingresos del periodo.

Para el largo plazo queremos una empresa honesta con sus valores, que siga un camino de buen hacer empresarial y tenga capacidad de reacción a la hora de afrontar cambios globales que le afecten directa o indirectamente. Empresas de las cuales no podemos prescindir, como las energéticas y las telefónicas, pueden ser un buen comienzo siempre y cuando se haya estudiado bien el momento en el que se encuentran.

En el caso de las energéticas, por ejemplo, habría que mirar su postura en cuanto a energías renovables. En el caso de las telefónicas, la modernización de su infraestructura, sus convenios o expansión internacional y su captación de clientes son fundamentales. Las constructoras seguirán estando siempre ahí, pero el flujo de trabajo es poco constante, pues dependen mucho del contexto económico en el que se encuentren. Podrán tener años muy buenos con obras públicas faraónicas y desarrollo inmobiliario sostenido, y años en los que no se construya a tanto ritmo y dependan de sus actividades paralelas y sus servicios adicionales como el mantenimiento de obras y las concesiones que tengan otorgadas.

Si creemos que los coches eléctricos son el futuro podríamos retroceder a finales del s. XIX, cuando la mujer de Henry Ford se negaba a circular en un coche de motor de combustión. Entonces no eran tan seguros como ahora y explotaban con facilidad, así que ella circulaba únicamente en un coche eléctrico (existieron varias compañías tanto en Europa como Estados Unidos que a finales del s. XIX y principios del s. XX comercializaban coches eléctricos, la Electric Vehicle Company, fundada en 1897).

Hasta hace muy poco, la conciencia ecológica siempre había ido por debajo del coste por recorrido, ahora cada vez más pensamos en el consumo medio del coche que compramos.

Con esto quiero decir que aunque ahora esté de moda ver coches Tesla por la calle, elegantes y 100 % eléctricos, ni son los primeros ni serán los últimos en una moda que cíclicamente vuelve a intentarlo. Desde los primeros vehículos eléctricos con sus baterías de ácido de plomo hasta la llegada del más reciente Tesla Model 3, han existido muchos modelos distintos de coches eléctricos. Las baterías de los Tesla causan un gran impacto medioambiental; por ahora el consumo inexistente de combustibles fósiles para propulsar el Tesla supera en beneficio el impacto que tiene la extracción de litio para sus baterías, pero puede llegar un punto en el que sea tal la demanda de coches con batería de litio que el impacto medioambiental sea mucho menor comprando un coche con motor eficiente de gasolina súper.

La japonesa Mazda tiene como objetivo crear un motor que con tan solo un vaso de combustible sea capaz de recorrer largas distancias, incluso superiores a las de un coche de los que actualmente conducimos. Si logra conseguirlo, es muy probable que el impacto en el medio ambiente de Mazda sea menor que el de Tesla, y la empresa de Elon Musk vea su imagen de "empresa verde" difuminarse en el tiempo y en la competencia.

Estar al día en las investigaciones que se llevan a cabo a lo largo y ancho del globo nos permite estar un paso por delante en lo que puede ser la mejor inversión de nuestra vida.

Os decía en el prólogo que el mercado posee la información completa para seguir avanzando. Si nos empapamos de información seremos capaces de avanzar a una posición en la que casi nada nos cogerá por sorpresa, y esto es lo que nos permitirá tomar buenas decisiones a la hora de invertir.

Costes de invertir dinero en bolsa

Costes asociados a la compra/venta de títulos

A la hora de invertir en bolsa tendremos una serie de costes fijos y variables que habremos de asumir. Estos costes deben formar parte de la información en la que nos sustentamos a la hora de comprar o vender acciones.

Hablemos primero de los costes fijos. Uno de los principales costes fijos es en realidad el coste de oportunidad de tener el dinero en renta variable y no en renta fija. Como ya sabéis, las acciones forman parte de lo que conocemos como inversión de renta variable, ya que no sabemos con exactitud qué beneficio o pérdida vamos a tener. La alternativa a la inversión en renta variable es la inversión en renta fija; según el plazo tendremos un interés prefijado. La renta fija es lo que vemos en el telediario cuando hablan de las subastas de bonos y letras del Estado. Estos bonos y letras son "pagarés" que nos firma el gobierno, en los que nos ofrecen un retorno fijo a la inversión en un plazo también fijo.

El cálculo de esos intereses y su rentabilidad es un apartado complejo, pues se venden el descuento, es decir, se paga un valor distinto al nominal, que puede ser inferior en el caso de rentabilidades positivas o superior en el caso de rentabilidades negativas.

Los costes variables de invertir son diversos. Para ponernos en contexto vamos a pensar que somos un ahorrador que no tiene acceso a la banca privada (cuentas bancarias para grandes capitales) y formamos parte de la llamada banca comercial. Dentro de esta banca comercial tendremos un servicio de inversión en bolsa que probablemente tenga un coste mensual solo por pertenecer a él, y que podrá variar según las características del mismo o el volumen de dinero que vayamos invirtiendo a través de la plataforma. Si este pago mensual que hacemos a nuestro banco no depende del volumen de negociación que tengamos mes a mes, entonces será un coste fijo también. Este pago que hacemos nos dará acceso a las cotizaciones en tiempo real a través de la información que proporciona habitualmente Bloomberg, y dejadme que os diga una cosa: el acceso a esta plataforma supone un coste mensual bastante mayor al que imagináis. Esa mensualidad nos permitirá también crear una cartera con nombre y apellido dentro del terminal SIBE (Sistema de Interconexión Bursátil Español) de un bróker. Seguramente tengamos también acceso a herramientas de cálculo, tablas, gráficas y demás "juguetitos" visuales que usamos los brókeres para seguir la cotización de un valor.

El escritorio de un amante de la bolsa se va llenando poco a poco de pantallas, papeles con anotaciones, revistas, etc.

Sigamos avanzando en el ejemplo. Ya estamos en la plataforma y tenemos una acción que queremos comprar; para simplificar aún más, esta acción pertenece al mercado continuo español. Damos la orden de comprar, e inmediatamente asumimos cuatro costes (3+1) que nos explica BME en este cuadro:

Costes de la Inversión

El coste que debe asumir un inversor cuando realiza una compraventa bursátil en el mercado español está gravada con tres tipos de costes: las comisiones que la entidad o entidades intermediarias utilizadas por el inversor apliquen, los cánones de contratación de la Bolsa y los cánones de liquidación de IBERCLEAR. Adicionalmente, hay que tener en cuenta también los gastos de custodia o administración de los valores que también genera el pago de comisiones al intermediario que los gestiona.

1. Costes de intermediación

Desde el 1 de enero de 1992 las comisiones aplicadas por todos los intermediarios bursátiles son libres y negociables.

La normativa vigente obliga a los intermediarios a exhibir al público sus tarifas y a remitirlas a la CNMV. Por lo tanto el inversor tendrá claro, desde el primer momento, qué costes le supone invertir en Bolsa.

Como norma general, para los inversores particulares, este coste de intermediación oscila entre un 0,2 y un 0,3% del efectivo de cada operación y está entre los más baratos del mundo. Lógicamente, el volúmen de operaciones y la cantidad de efectivo son variables que pueden reducir sensiblemente estas comisiones.

2. Cánones de contratación de la Bolsa

3. Cánones de liquidación de IBERCLEAR

4. Las comisiones de administración o custodia de valores que la Sociedad, Agencia o Banco donde esté abierta la cuenta de valores girarán al inversor suelen oscilar entre el 0,15 y el 0,25% anual sobre el nominal de los valores custodiados. A esto se añaden algunos gastos adicionales por operaciones concretas como el cobro de dividendo, la suscripción de nuevos valores, conversión de obligaciones, etc.

Ya hemos comprado la acción, nos han cobrado los cánones y comisiones pertinentes y nos han debitado el monto necesario para cubrir la comprar. A continuación pasa el tiempo, la acción sube y decidimos vender. El siguiente coste que debemos asumir es el tributario.

Impuestos relacionados con la inversión

Sigamos avanzando en el tema de los costes. El último coste es el tributario, los impuestos que debemos pagar por ese beneficio obtenido. En España y según la legislación vigente, el beneficio obtenido por la venta de acciones debe ir a nuestra declaración de la renta, habitualmente en el apartado de Rendimientos del Capital Mobiliario, o en Ganancias y Pérdidas Patrimoniales, dependiendo del tipo de inversión.

En todo momento estamos asumiendo que hay beneficio, no pérdida, y el tributo pagado dependerá del beneficio en valor absoluto. Por ejemplo: da igual que hayamos ganado un mil por ciento porque hemos comprado diez acciones cuyo valor unitario era de diez céntimos y las hemos vendido a un euro cada una; nuestro beneficio neto en esta operación será de noventa céntimos por acción y en nuestra declaración aparecerán nueve euros de ingresos. Para no complicar la explicación, no hablaremos de compensar las plusvalías con las minusvalías, es decir, compensar ganancias con pérdidas y así disminuir la base tributable. Desde el 1 de enero de 2017 la forma de contabilizar las ganancias y pérdidas patrimoniales ha cambiado, y debemos tener muy en cuenta las guías que pone a nuestra disposición la Agencia Tributaria y el manual de Renta y Patrimonio que cada campaña publica para mantenernos informados.

Debemos tener en cuenta también que si no vendemos la totalidad de las acciones, Hacienda deberá calcular cuánto hemos pagado por ellas. Para esto cada país tiene sus normas. En Estados Unidos y a falta de que se apruebe la reforma, somos nosotros los que escogemos qué acciones hemos vendido; podemos decidir, de entre la variedad de precios que pagamos por ellas, cuál nos conviene fijar como precio de compra. En España empezaremos cogiendo el precio de las acciones que se hayan comprado con anterioridad. Debemos tener esto muy en cuenta, pues si no vendemos todas nuestras acciones y nos quedamos con alguna, a la hora de presentar nuestra declaración el método usado puede y suele beneficiar a Hacienda.

Por lo tanto, si vendemos acciones a lo largo del año, estas tributarán como rentas del ahorro y deberemos identificarlas como tales en la casilla correspondiente de la declaración.

Si cobramos dividendos, estos estarán sujetos a IRPF, ya que son rendimientos del capital mobiliario y estarán identificados como tal en la declaración de la renta.

Quiero recordaros también que si optamos por un ahorro a muy largo plazo al cual solo accederemos una vez nos jubilemos, podemos optar por invertir en un plan de pensiones privado y escoger nosotros mismo la inversión. Los planes de pensión privados nos dejan maniobrar entre distintos fondos de menor o mayor riesgo que pueden ser una buena opción de inversión, pues podemos desgravarnos fiscalmente, y dentro de la variedad de fondos que el banco pone a nuestra disposición siempre hay alguno que se acomode a nuestro modelo inversor.

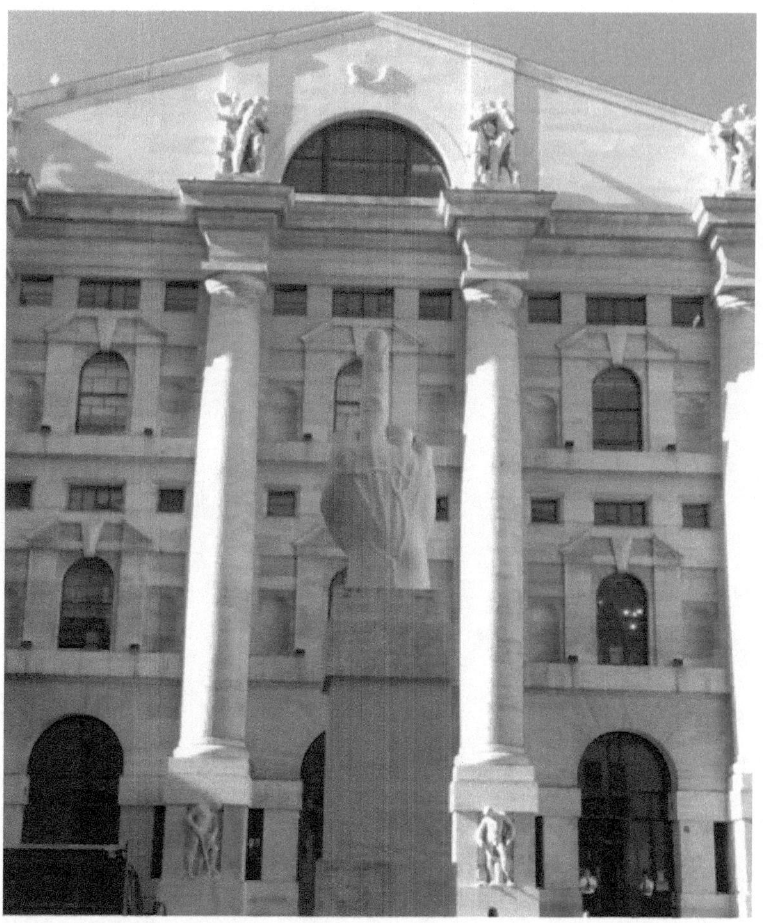

Plaza de la Bolsa de Milán.

Vamos a invertir

Escogiendo qué títulos (acciones) quiero. Región, sector y empresa

Ahora que ya sabemos a grandes rasgos cómo funciona el mercado, vamos a escoger qué acciones compramos. Ya os dije que la clave está en poseer la mayor cantidad de información posible. Partiendo de ahí, ¿qué región soy capaz de controlar con mayor soltura? ¿Qué sector despierta mi interés? Yo, por ejemplo, sigo muy de cerca el mercado americano; por cercanía cultural y necesidad laboral, me he ido sumergiendo cada vez más en el NYSE (New York Stock Exchange).

En una situación normal, el pequeño inversor querrá empezar con empresas que tiene cerca, en el país donde vive. Una vez decidido que somos más capaces de estar al día de las cosas que ocurren a nuestro alrededor más inmediato, es momento de decidir el sector en el que queremos invertir.

La clave está —repito— en poseer la mayor cantidad de información posible y saber usarla. Por lo tanto, si escogemos un sector con gran potencial como puede ser el farmacéutico, si no controlamos la terminología básica seremos incapaces de reaccionar a las noticias que escuchemos. Los laboratorios son el tipo de empresas que nos darán un gran retorno cuando acertemos y nos harán perder mucho dinero cuando fallemos. Si no conocemos el proceso de cómo un medicamento pasa del papel de un químico al mostrador de la farmacia, es mejor que no juguemos a ese juego.

De todos los sectores hay noticias e información suficientes para tomar decisiones acertadas a priori; lo importante está en saber interpretarlas. Por eso debemos elegir el sector que nos despierte más curiosidad e interés y, a la vez, poseer conocimientos suficientes para entender la información que vayamos recibiendo.

Ya hemos decidido la región; en cuanto al sector, vamos a decantarnos, por ejemplo, por la automoción. Es hora de bucear en el mar de posibilidades que nos ofrece el mercado. Empezaremos por las empresas que más nos suenan. En este sector seguramente la primera empresa que se nos venga a la cabeza sea la que fabricó el coche que conducimos. Si no tenemos conocimientos más allá de las marcas, nos quedaremos nadando en la superficie; si dominamos un poco más el tema empezaremos a ver que detrás de todos estos grandes grupos existen proveedores que también cotizan en bolsa, y que muchas veces son una inversión mucho más atractiva que el fabricante en sí. La razón es que los grandes grupos de renombre suelen tener ya asimilada la fama dentro del valor de sus acciones. Si conducimos un coche fabricado por Volkswagen –y, por volumen de ventas, la probabilidad de que esto sea así es la más elevada en este país–, y decidimos invertir en esta marca, estaríamos asimilando el valor de marca (dejando de lado el golpe bursátil sufrido por el escándalo de las emisiones). Sin embargo, si nos paramos un momento a investigar qué proveedores tiene este grupo, y de estos cuáles son los que cotizan en bolsa, es posible que encontremos una compañía que fabrica los chips que controlan la informática del coche, que a su vez cotice en bolsa y cuyos ratios sean muy atractivos (ya hemos hablado por encima de lo que es un ratio). O quizá un fabricante de lunas o incluso, si investigamos un poco más a fondo, la empresa que suministra el *catering* dentro de las fábricas y que con la próxima apertura de una nueva cadena de montaje tendrá asegurada una nueva contrata (son todo suposiciones, ningún ejemplo intentar asemejarse a la realidad de la situación).

Lo que quiero que se asimile con todas estas hipótesis es la infinidad de posibilidades que tenemos, aun habiendo acotado nuestro campo de acción a una región y a un sector en concreto. Actualmente están registrados en Bolsa Madrid más de ciento treinta valores en el mercado continuo que abarcan todos los sectores de nuestra economía, y si hablamos del NYSE esta cifra se dispara a casi siete mil valores distintos.

Ya hemos escogido nuestra empresa. Tenemos reservado el dinero que queremos invertir en ella. Ahora toca decidir el plazo de nuestra inversión y que pretendemos conseguir en ese periodo. Como os decía al principio del libro, me inclinaré más hacia esa inversión a largo plazo a manera de ahorro, y no tanto en esa inversión cortoplacista que solo busca batir al mercado y sacar beneficio en un periodo de tiempo reducido.

Decidimos que nuestra inversión es a largo plazo, que el dinero que vamos a invertir forma parte de nuestra jubilación, de la entrada de ese piso que nos queremos comprar cuando tengamos una familia o del pago de los estudios de esos hijos que ya tenemos o queremos tener. Todos estos escenarios forman parte de ese largo plazo al que la renta fija tanto hace ojitos. Las obligaciones a diez, quince o treinta años son la alternativa más clara y próxima. Es verdad que la economía es cíclica, que no podemos medir con exactitud el inicio y fin de los ciclos y sub-ciclos, que a largo plazo el dinero en el banco no está tan mal... Todo eso es cierto, pero si seguimos los pasos que hemos ido aprendiendo en este libro, lograremos mantener una buena inversión a largo plazo que se beneficie de los ciclos y nos rente a futuro más que una cuenta en el banco. Si recopilamos la información suficiente seremos capaces de navegar las olas de los ciclos saliendo y entrando del mercado, maximizando así el retorno. La ventaja del largo plazo es que la única entrada o salida tardía es la que nunca se hace.

Si por el contrario nos fijamos un plazo medio, superior a un año pero inferior a tres años (y digo tres por seguir con el paralelismo con los bonos del Estado), tendremos un hueco en su equivalente en Tesoro, ya que las letras son a tres, seis, nueve y doce meses, y de ahí damos el salto al bono a tres años. Para este medio plazo de uno a tres años podremos aplicar las pautas que seguimos para el largo plazo, pero cambiando los periodos de observación, y en lugar de ver las cifras anuales podemos reducir el espectro a trimestres. En general, nuestra inversión a largo plazo está compuesta de varias inversiones a medio plazo, ya que iremos saliendo de un valor en crisis para entrar en otro con posibilidades. Raro será que no salgamos de un valor cuando claramente está sumergido en una tendencia bajista prolongada. Lo importante es fijarnos en las cifras trimestrales más detenidamente si tenemos ese medio plazo en mente.

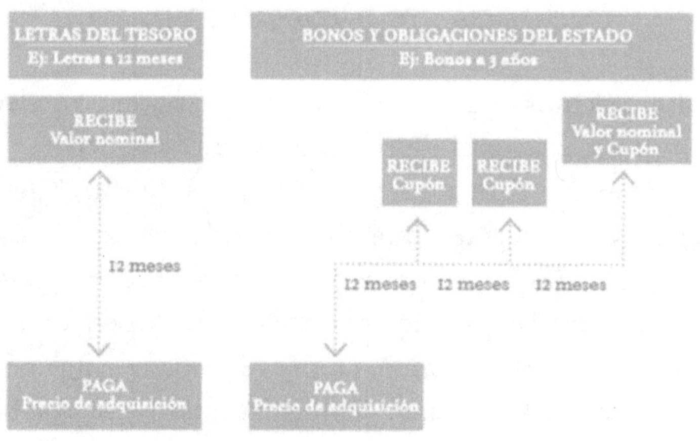

Ejemplo de oferta de productos en Tesoro Público.

A corto y muy corto plazo la matemática juega un papel muy importante. Son pocas las operaciones intradía que no tienen detrás un cálculo exhaustivo de estocástica lenta, medias dinámicas (EMA: Exponential Moving Average) y demás parámetros bursátiles. El muy corto plazo busca entrar y salir en el mínimo y máximo de cotización del día, comprando y vendiendo incluso varias veces al día, ganando en cada operación aunque sea una pequeña cantidad. Para esto hay que tener muy controlada la cotización y estar muy pendiente de todos los factores que en ella influyen. De las técnicas para funcionar como *daytrader* no hablaremos en este libro, pues requieren un libro entero para comenzar a explicarlas. Pero con lo que ya sabéis sobre riesgos y oportunidades, seguro que alguna compra-venta rápida sois capaces de otear.

Aprendiendo a medir el riesgo. Órdenes *stop-loss* de venta

Todos tenemos en mente comprar una acción y venderla a un precio mayor al de compra. Pero la realidad es que toda inversión tiene un riesgo, y ya antes de entrar debemos saber cuánto estamos dispuestos a perder en caso de que nuestra inversión vaya mal. Las órdenes *stop-loss* de venta son las grandes olvidadas por el pequeño inversor, pero si no queremos tener retenida una inversión por culpa de las pérdidas acumuladas tendremos que fijar ese límite de pérdidas. Supongamos que tengo mil euros ociosos y los invierto en acciones de Shake Shack sin fijar una *stop-loss*. Al día siguiente un brote de alguna bacteria hace que un comensal se enferme y las acciones empiezan a bajar. Si fijamos un *stop-loss*, saltará una orden automática de venta en el momento que la cotización de nuestra acción baje por debajo del nivel marcado. Esto no quiere decir que vendamos al precio que hemos fijado la *stop-loss*, solo es un mecanismo que vende automáticamente cuando el precio que fijamos se queda alto. Por lo tanto, si la acción sigue bajando y nosotros hemos fijado la *stop-loss*, habremos vendido en un punto muy cercano y con esto habremos frenado la pérdida de valor de nuestra inversión. La orden *stop-loss* fija el punto en el cual salta la orden de venta, pero la orden de venta en sí será una orden a precio de mercado. Es decir, que venderemos a lo que nos compren en ese momento.

Siguiendo con el supuesto anterior, de esos mil euros que he invertido en la hamburguesería estoy dispuesto a perder la mitad, es decir, quinientos euros. Por lo tanto calculo el límite de mi orden *stop-loss* en ese punto en el cual, habiendo vendido y quitado las comisiones pagadas, el dinero resultante son 505 €; los 5 € extra son un pequeño margen del 1 % que cubre desde el momento en que salta la orden hasta que se vende en realidad. Como en este caso hemos asumido una pérdida, no pagaremos impuestos al no haber beneficio, y además compensaremos ganancias que tengamos de otras operaciones, disminuyendo así la base tributable.

Debemos aprender a usar las *stop-loss*, pues no solo son útiles en casos de caos bursátil, sino también en momentos en los que no podemos estar pendientes de nuestra cartera. Digamos que nos vamos de vacaciones; crearemos la *stop-loss* para cubrir cualquier cosa que pudiera pasar mientras estamos relajados tomando el sol a la orilla del mar.

No debemos confundir una orden de venta con una *stop-loss*. En la primera fijamos el precio al que queremos vender, y si este se cruza con alguna orden de compra, entonces se realiza la venta de acciones a ese precio. De las órdenes de venta hablaremos a continuación.

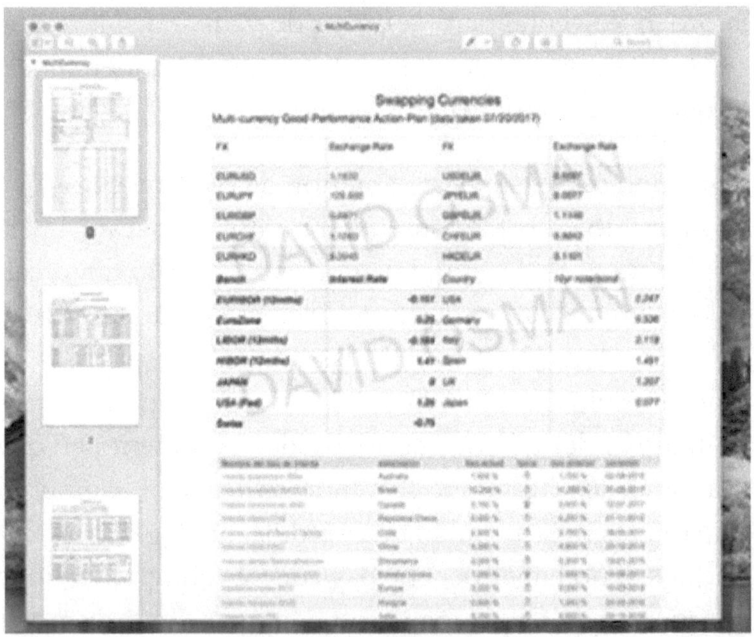

Tener calculado en una tabla antes de entrar a invertir los posibles puntos de entrada y salida cubriendo varios escenarios de desempeño es muy recomendable.

Monetizar las ganancias. Órdenes de venta

Las órdenes de venta son sinónimo de vender las acciones que tenemos. Las podemos crear desde el momento en el que tenemos las acciones ya en nuestra cartera. Antes no, pues en acciones no podemos vender algo que previamente no hemos adquirido; caso contrario es el de productos derivados en los que podemos "entrar vendidos", pero esa es otra historia.

Las órdenes de venta las creamos pensando que a partir de cierto precio queremos deshacernos de nuestras acciones. Podemos marcar un precio de venta que si se cruza con una orden de compra se ejecutará, o podemos indicar venta a precio de mercado y se irá ejecutando la venta de paquetes de acciones a medida que se vayan generando órdenes de compra sea cual sea el precio ofrecido.

Así como os dije que debemos tener en mente el máximo de pérdida que estamos dispuestos a asumir, si dentro de la estrategia que nos hemos planteado está controlar habitualmente nuestra inversión para rotar acciones a medio plazo, es bastante conveniente que nos fijemos también un nivel de beneficio al cual deseamos monetizar nuestra inversión y asegurarnos esa ganancia.

Puedo tener en mente comprar acciones de, por ejemplo, Aena y tener como plazo cinco años a un beneficio esperado del 7 % anual. Un cúmulo de buenas noticias hace que al final del primer año mis acciones estén un 30 % por encima del precio de compra, lo que equivale a mi estimación al cuarto año de inversión (conforme a mi deseo de ganar un 7 % anual, al final del cuarto año debería tener ganado un 31 % respecto a la inversión inicial). Llegados a este punto y estando tan cerca del objetivo que nos habíamos fijado en un principio, sería conveniente analizar detenidamente el panorama para tratar de entender si el buen desempeño del valor ha sido puntual o marca el comienzo de una tendencia sólida. Son muchos los factores a tener en cuenta, pero si nuestro objetivo es ir ganando dinero poco a poco, deberíamos marcarnos siempre el nivel de salida tanto si ganamos como si perdemos dinero. De esta forma minimizamos las pérdidas y materializamos las ganancias en cuanto se alcance el nivel deseado.

Si nuestra idea es poseer un valor hasta el día que nos jubilemos, pero queremos añadir la emoción de la compra-venta, también ahí podremos jugar con la entrada y la salida, vendiendo las acciones cada x % de beneficio y volviendo a comprar cuando estas bajen; así, por el mismo dinero que hemos recibido al venderlas podremos adquirir aunque sea una acción más. Eso ya es un beneficio materializado y un crecimiento de nuestra inversión al mismo tiempo. Además, si el valor que hemos adquirido reparte dividendos, poco a poco iremos teniendo derecho a más dividendos, pues hemos ido adquiriendo más acciones.

Más allá de las acciones

Las SICAV, SOCIMI y ECR

Cómo sé que sois gente que quiere aprender y saber de todo —y el saber no ocupa lugar—, a manera informativa os voy a contar lo que son las SICAV, las SOCIMI y las ECR. En las noticias solemos oír estos acrónimos de vez en cuando, así que es bueno que sepamos qué son y a qué se dedican.

Las SICAV son las sociedades de inversión en capital variable. Es un instrumento usado por los grandes capitales, normalmente particulares con elevadas fortunas, para poder invertir grandes cantidades de dinero de manera más cómoda. Al constituirse como sociedad, el dinero fluye con más facilidad que a través de un banco, aunque este sea privado de inversión. A la hora de tributar también tiene sus ventajas, pues los tipos de interés son inferiores a los que pagaría un particular por ese nivel de ingresos. Estamos hablando que para constituir una SICAV hace falta un capital de 2.4 millones de euros aportado por un mínimo de cien accionistas.

Las SOCIMI son un tipo de sociedad que ha aterrizado hace relativamente poco en España. Son sociedades anónimas cotizadas de inversión inmobiliaria. Vienen de las REIT americanas (Real Estate Investment Trust), creadas en la década de los 60. Las primeras dos SO-CIMI españolas fueron Entrecampos y Promorent, que se constituyeron en 2012, tres años después de la aprobación de la ley reguladora de SOCIMI en España. Su negocio radica principalmente en comprar inmuebles y dedicarlos al alquiler para cubrir al menos el 80 % de su volumen de negocio. Tienen la obligatoriedad de repartir dividendos, junto con un largo etcétera de características. Este año ya hemos visto la primera salida a bolsa –de las varias previstas– de una SOCIMI española. Ya cotizaban en el MAB, pero no en el mercado continuo. Se trata de Metrovacesa, y ha tenido su IPO (Initial Public Offering = salida a bolsa) en febrero de 2018. Ya cotizaban en el mercado continuo Colonial –esta forma parte del Ibex 35–, Axiare, Lar e Hispania.

Por último tenemos mi organismo preferido, las ECR o entidades de capital riesgo, equivalentes a las *venture capital* americanas. Las ECR financian proyectos empresariales en vía de desarrollo, con gran potencial pero a su vez gran riesgo: las llamadas *start-up*. Se dedican a inyectar capital a proyectos embrionarios o con muy poco recorrido, lo que implica un riesgo elevado no apto para cualquier tipo de inversor.

Índices. Qué son y cómo se miden

Hasta ahora os he hablado solo de acciones y cómo trabajar con ellas, pero también existen los llamados índices. Un índice aglutina normalmente una serie de acciones, y nos refleja un valor referencia. Hay muchas formas de calcular un índice. El primero que os voy a explicar es el IBEX 35, el índice español por excelencia desde 1992, aunque se calculó hacia atrás su valor desde 1989 con datos históricos. Su lanzamiento oficial fue el 14 de enero de 1992.

En él encontramos ponderadas las treinta y cinco acciones más líquidas del mercado bursátil español, y no las treinta y cinco empresas más grandes, como mucha gente cree. El Ibex 35 lo forman las treinta y cinco empresas con mayor volumen efectivo negociado. Esto es, las treinta y cinco empresas que cotizan en bolsa cuyas acciones más cambian de manos. Como todos sabemos, las empresas pueden ser dueñas de sus propias acciones. Cierto es que a mayor capitalización de la empresa la probabilidad de tener un gran número de acciones circulando es mayor. Por lo tanto, la mayor parte de esas treinta y cinco empresas que conforman el Ibex forman parte a su vez de las treinta y cinco empresas con mayor capitalización del país.

¿A qué me refiero con ponderado? Decimos que el Ibex 35 es un índice ponderado, pues no da el mismo peso a todas las acciones. Las acciones pesarán dentro del índice en proporción a su peso en la economía. A mayor capitalización, más peso.

Otro ejemplo de índice es el Wilshire 5000. Este índice comprende la totalidad de las acciones que se negocian en Estados Unidos, y su cálculo es tan simple como sumar la ponderación de cada una de las acciones. Tiene el sufijo 5000 porque en su día era ese el número de acciones que lo componían, hoy se acerca más a las siete mil acciones.

Existen muchos índices distintos. Los índices no ponderados suelen ser los utilizados por fondos réplica; no son los propios índices cuya cotización vemos en bolsa día a día. Al no ponderar un índice podemos replicarlo exactamente con una cartera de valores sin desviaciones y sin tener que hacer ningún cálculo adicional.

Dentro de cada índice tenemos un subíndice que nos puede venir mejor a la hora de medir nuestras inversiones. Supongamos que tenemos acciones de Wells Fargo (banco americano) y su acción forma parte del Nasdaq. Podríamos seguir la evolución del Nasdaq y esto nos daría una idea global de cómo puede estar nuestra acción. Pero si acercamos la lupa, veremos que existe un Nasdaq Bank, que incluye únicamente las acciones de bancos. Este subíndice nos dará una mejor información de lo que ocurre en el sector bancario, y por lo tanto podremos evaluar más acertadamente el desempeño de Wells Fargo dentro de la economía. Dentro del mercado español tenemos una gran cantidad de índices, y solamente la marca Ibex tiene registrados más de cuarenta variaciones distintas.

¿Por qué son tan importantes los índices? Un índice está creado para aportarnos información del mercado más allá de una simple acción. Incorpora información que vista por separado puede no aportarnos tanto como en agregado. No es lo mismo ver que una empresa de construcción está teniendo un mal trimestre que ver un agregado de empresas en el que se muestra una tendencia bajista en el sector. Si todas las empresas de construcción están teniendo resultados flojos, el problema no es intrínseco de cada compañía sino del sector en general.

Ahondando un poco más, los índices no siempre son un espejo de la cotización de algunas acciones. También tenemos índices como el VIX que nos mide la volatilidad implícita en el S&P 500. Aunque el VIX solo nos hable del S&P 500, es muy importante que le hagamos un seguimiento, pues es conocido en el mundo de la inversión como el "índice del miedo". El S&P 500 aglutina a quinientas empresas referentes de gran capitalización dentro de los Estados Unidos, por lo que su comportamiento es sumamente importante en el conjunto de la economía americana, y por consiguiente en la economía mundial. A mayor VIX, mayor volatilidad, lo que indica indecisión en el mercado o falta de consenso. Si una acción sube o baja todos los días el mismo porcentaje sin saltos bruscos en su cotización, su volatilidad implícita es baja. Un VIX bajo no nos dice que el mercado va bien; lo que nos dice es que la tendencia que ahora mismo tiene el mercado —en concreto el S&P 500— es aceptada por la mayoría de los jugadores como correcta.

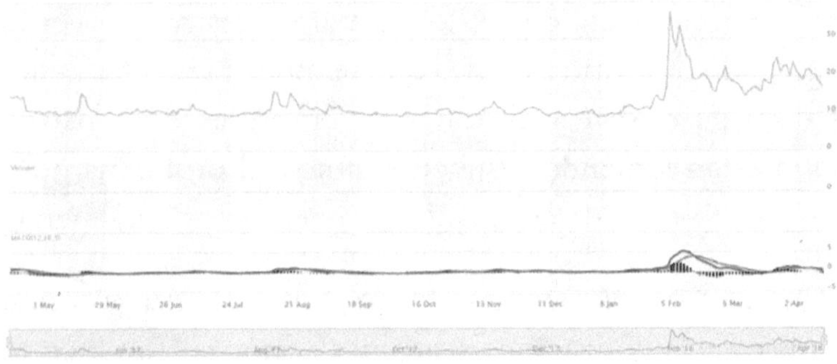

VIX del último año.

Quiero invertir en índices. Antes de invertir. Escoger el instrumento adecuado y fijar objetivos

Si en lugar de invertir en acciones nos interesa invertir en índices, tenemos la posibilidad de acceder a productos que replican ese índice. El índice como tal no se puede comprar; aunque nosotros veamos que tiene una co-tización, ese valor no es el precio de compra del índice, sino el valor calculado para el mismo. Lo que sí encon-traremos son numerosos instrumentos que replican al índice. Podemos tratar de hacer nosotros mismos una cartera de acciones compuesta por los valores de dicho índice, intentando seguir la proporción establecida por el índice si queremos aproximarnos lo máximo posible. O puede tratarse de un fondo de inversión de los que nos ofrecen en los bancos, cuyo desembolso inicial no suele ser muy alto. O el grupo más extenso, los derivados financieros como pueden ser los futuros y las opciones, donde compramos paquetes llamados contratos de acciones e índices. La inversión en futuros y opciones requiere de un capital muy elevado, por lo que no entraremos a explicarlo en esta ocasión, pero a pequeña escala hay un producto del que sí hablaremos: el *warrant*. Dejaremos fuera las opciones binarias, pues no están reguladas, y organismos como la CNMV y la SEC (hablamos antes de ellas: son las entidades que velan por el buen comportamiento del mercado en España y en Estados Unidos) advierten continuamente de los riesgos que supone invertir en opciones binarias.

Los *warrants* llevan entre nosotros desde 1970. Con ellos podemos invertir con las características —a grandes rasgos— de los futuros y las opciones, pero sin la exigencia de capital que estos conllevan. Han probado ser un instrumento financiero útil, popular, relativamente fácil de usar y, sobre todo, muy transparente en cuanto a riesgos. Los *warrants* van a cubrir ese hueco que he venido dejando a lo largo del libro respecto a la inversión a corto y muy corto plazo.

Quiero invertir usando *warrants*

¿Qué son *warrants*?

Como os avanzaba antes, para el pequeño inversor existe un instrumento derivado al cual no puede acceder desde su plataforma *online* y cuya necesidad de capital no es tan elevada. Se trata de los *warrants*. Los *warrants* van a cubrir esa necesidad de inversión a corto y muy corto plazo de la cual no hemos hablado detenidamente hasta ahora.

Los *warrants* son productos derivados ligados a una acción, índice, *commodity* (materia prima) o incluso tipo de cambio entre pares de divisas. Cuando vemos una lista de *warrants* disponibles veremos que tienen subyacentes que todos conocemos, pues se emiten de los valores más reconocidos y con más potencial de movimiento.

Existen dos tipos básicos de *warrants*. Los tipo PUT y los tipo CALL. Una explicación llevada al básico extremo es que en un *warrant call* tenemos la idea de que la acción que lo denomina va a subir, y por lo tanto el *warrant* subirá de precio si la acción sube. En un *warrant put* nuestra idea es que la acción va a bajar, por lo que el *warrant* subirá de precio cuando el subyacente caiga. Con esto introducimos un nuevo panorama, y es el de ganar dinero cuando la bolsa cae. Gracias a los productos derivados se puede ganar tanto de las subidas como de las caídas.

En una definición menos simplista os puedo decir que adquiriendo *warrants* (no hay vendedor de *warrants*, no podemos entrar vendiendo como en el mercado de futuros) lo que hacemos es crearnos la obligación de vender (*put*) el subyacente a determinado precio (*strike*) o la posibilidad de comprarlo (*call*) a un precio (*strike*). Al vencimiento del contrato liquidamos por diferencias, y ganamos o perdemos dinero en relación de si hemos acertado o no con la tendencia en el momento en el que compramos. Estos derechos y obligaciones los adquirimos para proteger nuestra inversión de los cambios bruscos del mercado. Los *warrants* son una herramienta de cobertura a la vez que de inversión.

Muy importante es comprar siempre *warrants* de estilo americano, que podremos comprar y vender en cualquier momento sin tener que esperar al momento del vencimiento. Si compramos un *warrant* de estilo europeo nos quedaremos con él hasta la fecha de vencimiento pase lo que pase. Cosa que no nos interesa, pues nuestra inversión en *warrants* es especulativa y no de cobertura.

Al precio del *warrant* –lo que pagamos por cada uno de los *warrants*– se le llama prima, pero para que suene más coloquial y sea más fácil de asimilar, le seguiremos llamando "precio".

"Subyacente" es el nombre que damos al valor referencia de nuestro *warrant*. Ya hemos hablado que nuestro *warrant* está ligado a la cotización de algo; este algo es el subyacente y puede ser una acción, un índice, una materia prima o incluso el tipo de cambio de dos divisas.

Escoger el subyacente es como decidir qué acción queremos comprar en bolsa, pero ampliando nuestras posibilidades a índices, pares de divisas, materias primas e incluso acciones cuyo precio es muy elevado, con lo cual no resulta rentable para nosotros comprar poca cantidad. Amazon cotiza a más de 1400 USD por acción y Apple llegó a cotizar a más de 700 USD. Apple haría un *split*, dividiendo sus acciones en trozos más pequeños. Psicológicamente se calienta el mercado con una cotización nominal más "baja", y hace parecer la acción más barata aunque en realidad este valor poco tenga que ver con el hecho de que una acción sea "barata" o "cara".

Empresa	Sector	Cotización
Berkshire Hathaway	Conglomerado	295,891.00 USD
Seaboard	Agricultura	4,088.34 USD
NVR	Construcción	3,022.40 USD
Booking	Viajes	2,085.86 USD
Amazon	Venta online	1,430.79 USD

Las cinco acciones más "caras" del NYSE. Como veis, Amazon, de la que hablamos antes como una acción cara, superando los mil dólares de cotización, apenas entra en el top 5 de las acciones más caras.

Si os acordáis de la estrategia de escoger un sector en concreto para empezar a invertir, podemos complementar esa inversión con *warrants* de materias primas.

Si pensamos que el precio del oro va a caer, y que el oro suele seguir una relación inversamente proporcional con el valor del dólar, podemos jugar con *warrants* de ambos subyacentes. No es una relación exacta, pero las curvas a largo plazo suelen ir de la mano en muchas parejas de subyacentes.

Seguimos con el ejemplo del oro. Las empresas cuya cifra de gastos dependa del precio del oro se beneficiarán de un oro más barato. Si hemos invertido en esa joyería que cotiza en bolsa, podemos complementar nuestra inversión con *warrants* del oro. Es como ir al casino y apostar una ficha en la ruleta al número nueve; podemos complementar esa apuesta apostando también a los impares, a la primera docena y al color que corresponda. Si cae el nueve maximizaremos nuestro beneficio, pues ganaremos en todo lo que hemos apostado, y si no cae el nueve todavía tenemos la posibilidad de acertar el color, el número impar y la docena. No solo diversificamos riesgos sino que incrementamos a la vez nuestro posible beneficio.

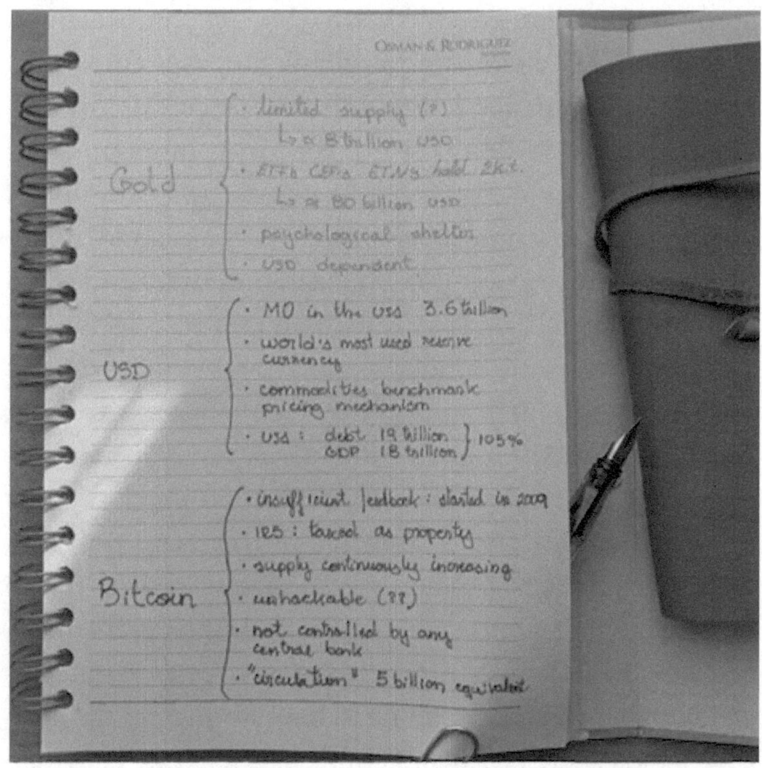

A más "apuestas" que hagamos, más tiempo tendremos que dedicar a nuestras inversiones y a su análisis.

En *warrants* tenemos la gran ventaja de poder elegir la tendencia. Si pensamos que va a haber una caída en la cotización de nuestro subyacente estaremos preparados para comprarlo en cuanto esa caída termine, pero mientras cae, usando *warrants* podremos beneficiarnos de su mal desempeño.

Veamos cómo escoger la tendencia en una apuesta 50/50 con la que existen muchas estrategias de inversión. Os nombraré un par pero sin explicarlas, pues requieren un nivel más elevado al que queremos dar con este primer libro. Si compramos tanto derivados *call* como *put* con el mismo *strike* y el mismo vencimiento, estaremos aplicando una estrategia de Straddle. Si después de un movimiento adverso de nuestra inversión compramos más cantidad, estamos ejecutando un *double up*. Esta última es muy común en la inversión en bolsa cuando no fijamos nuestra *stop-loss* y la cotización de nuestra acción ha caído más allá de la perdida que estamos dispuestos a asumir. Podemos vender y hacernos a la idea de que hemos perdido un gran porcentaje de nuestra inversión, o podemos comprar una cantidad suficiente de acciones para bajar el precio medio hasta el punto en el que una subida coherente con la situación del mercado nos haga recuperar el dinero perdido por lo menos hasta el punto de break-even (punto en el que recuperamos exactamente lo que hemos invertido). Pero insisto: estas estrategias de inversión van en contra de lo que al principio del libro acordamos acerca de fijar siempre una *stop-loss*, y forman parte de un perfil inversor más agresivo que no trataremos de abordar en esta ocasión.

El *strike* es el precio al que creemos que tiende nuestro subyacente. En el caso de las acciones sería la cotización a la que pensamos que se dirige la acción (ya sea superior a la actual si confiamos en una tendencia alcista, o inferior si prevemos una tendencia bajista). Del *strike* que elijamos dependerá que nuestro *warrant* esté "dentro del dinero" o "fuera del dinero", y por lo tanto que su elasticidad y parámetros sean de bajo riesgo o no. Si pensamos que una acción va a subir de aquí a un mes no será lo mismo escoger un *strike* que contempla una subida del 5 % que uno que lo haga del 50 %. Aunque la acción no pare de subir día a día desde que compramos el *warrant*, nuestras ganancias serán distintas en relación al *strike* que hayamos adquirido.

Cuando vayamos a decidir el *strike* que nos interesa debemos ser lo más realistas y prudentes posible.

Del *strike* dependerá que nuestro *warrant* se comporte de una forma u otra, pues un *strike* acertado impulsará la compra-venta del producto. Recordemos también que a más jugadores, más movimiento de precio.

Si compramos un *warrant call* con un vencimiento inferior a tres meses y con un *strike* un 20 % inferior a la cotización actual del subyacente, estaremos comprando un *warrant* muy interesante, pues está "dentro del dinero" y por un margen muy considerable. Si por el contrario lo que hemos comprado es un *warrant put* cuyo *strike* está

20 % por debajo de la cotización del subyacente, nuestro *warrant* está "fuera del dinero" y muy poca gente estará interesada en comprarnos nuestra posición.

Escoger el vencimiento

El vencimiento de nuestro *warrant* es un factor determinante, pues marca el plazo de nuestra inversión. Y como ya hemos visto, no es lo mismo invertir a muy corto que a corto plazo. En los *warrants* no contemplamos el medio ni el largo plazo, pues es poco eficiente una inversión con *warrants* a más de un año.

El vencimiento de los derivados es siempre el tercer viernes del mes en el que se cumple el ciclo (marzo, junio, septiembre, diciembre). Bien es cierto que no necesariamente tendremos que comprar un *warrant* cuyo vencimiento sea el trimestre en el que estamos; las emisiones de *warrants* registradas en la CNMV agrupan varios ciclos, dándonos la oportunidad de comprar un *warrant* con un vencimiento de tres, seis o incluso nueve meses. Eso sí, tendremos que tener en cuenta que el tercer viernes del mes del ciclo que hayamos elegido, nuestro *warrant* se ejecutará por diferencia liquidando nuestra posición.

Qué son la paridad y la elasticidad

Para entender qué estamos comprando en su totalidad, dejando de lado lo obvio como son el subyacente y el *strike*, debemos entender una serie de definiciones que nos encontraremos a la hora de decidir qué *warrant* comprar. Ya hemos visto que contamos con el tipo *call* y con el tipo *put*. Por lo tanto, la segunda decisión que debemos tomar es escoger la tendencia —alcista o bajista— de nuestro subyacente (la primera decisión fue escoger el título referencia del *warrant*, acción, índice o materia prima).

Una vez hemos pensado nuestra predicción del comportamiento del mercado en los próximos meses, tenemos que dentro de los *warrants* que hemos escogido, supongamos que queremos comprar *warrant put* del oro. Existen distintas alternativas. Lo primero que nos llama la atención es la diferencia de precio entre uno y otro. Esto se debe a la paridad.

Para tener la posibilidad de vender oro al precio (*strike*) escogido necesito tener un número de *warrants* fijado por la paridad. La paridad es el número de *warrants* que debo poseer para tener derecho a comprar/vender una unidad del activo subyacente. Esto lo tenemos que calcular en el caso de que compremos *warrants* para protegernos de un cambio brusco del mercado, pero no lo tendremos en cuenta si nuestra idea es comprarlos y venderlos antes del vencimiento, usándolo como un mero instrumento de especulación.

Veremos también que el *warrant* nos indica que tiene una elasticidad determinada. Esta irá variando a lo largo de la vida del *warrant*, pues lo que nos indica es la capacidad que tiene de cambiar de precio, en relación con los cambios de precio del subyacente. Una elasticidad del +5 % nos dice que por cada 1 % de variación del subyacente, el *warrant* se moverá un 5 % en el mismo sentido. A medida que cambia el precio del *warrant* la elasticidad cambia.

Qué son *delta*, *vega* y *theta*

Hay un refrán que dice: "En física hacen falta tres teoremas para demostrar el 99 % de las cosas que ocurren. En economía hacen falta noventa y nueve teoremas para explicar el 3 %". Con algo tan simple como un *warrant*, que dentro de los productos derivados es el más básico que encontraremos, nos topamos con las llamadas "sensibilidades". Estas son el repertorio de letras griegas que a continuación os explico muy someramente.

Las sensibilidades las encontramos cuando ya hemos decidido qué *warrant* queremos comprar y abrimos su ficha para examinarlo más a fondo. Como mínimo tendremos cuatro: *delta*, *gamma*, *theta* y *vega*.

Delta nos habla de la variación del precio (prima) del *warrant* por cada unidad de variación del activo subyacente.

Gamma es muy interesante, pues nos mide la variación que producirá *delta* con los movimientos de cotización del subyacente.

Theta es la que más nos interesa en este momento, pues nos mide la pérdida de valor de nuestro *warrant* por cada día que pasa. Los *warrant* van perdiendo capacidad de ganar valor a medida que se acerca su fecha de vencimiento, y la probabilidad de llegar al *strike* se va estrechando.

Vega nos informa de la sensibilidad que tiene el *warrant* a los cambios en la volatilidad. Ya hemos hablado de la volatilidad y su importancia en el mercado.

Antes de invertir en warrants tenga en cuenta que...

▸ **La inversión en estos productos requiere conocimientos, predisposición al riesgo y una vigilancia constante de la posición** (especialmente en los turbo warrants).

▸ **Es muy importante comprender bien su funcionamiento y características antes de invertir.** Estos productos comportan un alto riesgo si no se gestionan adecuadamente. Un beneficio puede convertirse rápidamente en pérdida como consecuencia de variaciones en el precio.

▸ **Si un warrant tradicional y un turbo warrant se emitieran con las mismas características** (subyacente, precio de ejercicio, plazo, etc...), **el precio del turbo debería ser inferior, ya que incorpora un riesgo adicional para el inversor producido por la existencia de la barrera.**

▸ En el mercado existe una amplia variedad de warrants con diferentes características y distintos activos subyacentes, por lo que **conviene comparar antes de realizar la inversión.** La información puede obtenerse en las páginas web de los emisores, Sociedad de Bolsas, Bolsas donde coticen y CNMV.

La CNMV nos advierte acerca del uso de warrants (y de turbo warrants).

Las burbujas

¿Qué son? ¿Son necesarias e inevitables?

Las burbujas son por definición el exceso de precio de un bien. Por exceso nos referimos a la sobrevaloración del bien respecto a su capacidad de devolver el precio pagado.

Un ejemplo muy del día a día son las joyerías. En lo que respecta al valor monetario, algunos zafiros azules o rubíes son mucho más costosos que los diamantes, dependiendo de su calidad. Un zafiro azul de calidad excepcional es más raro de encontrar y su precio por quilate puede multiplicar varias veces al de un diamante común, y lo mismo sucede en el caso de los rubíes. En la década de los 40, la compañía minera De Beers actualizó una campaña de *marketing* de casi un siglo de antigüedad e inundó al público con el slogan: "un diamante es para siempre". Desde entonces la imagen de los diamantes nunca volvería a ser la misma, popularizando su imagen de ser la piedra más preciosa del mundo, generación tras generación. Esta imagen es la que mantiene la burbuja de los diamantes hinchada, y un control minucioso de la relación oferta/demanda evita que esta burbuja explote.

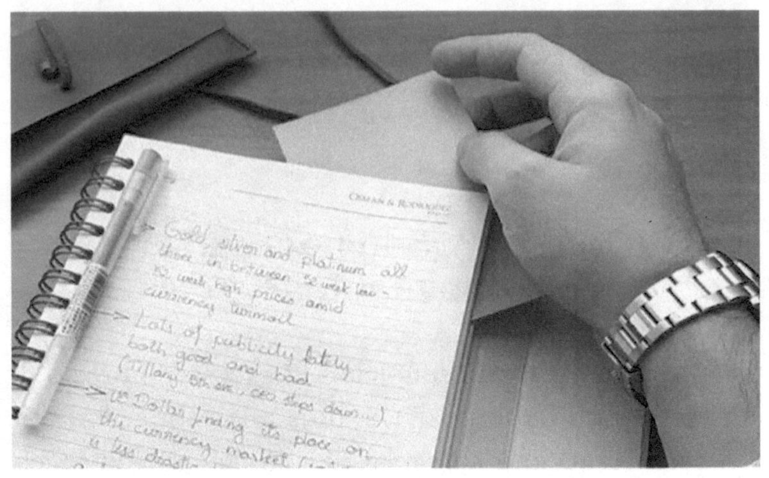

Análisis de nuestra inversión y los factores que en ella influyen.

Si compramos un anillo de compromiso de oro y diamantes en Tiffany's, el valor material del anillo será principalmente lo que consigamos por las onzas de oro y los quilates del diamante. Todo lo que paguemos de más dependerá del valor de marca y de los accesorios que van aparejados a la compra del anillo, como pueden ser la bolsa, la cajita, la limpieza gratuita, etc. Todo esto tiene un valor que nosotros aceptamos y por eso pagamos por el anillo de Tiffany's la cantidad que pagamos. Pero, ¿qué pasa cuando todo ese valor añadido no tiene valor monetario para nosotros, si en lugar de comprar la sortija en Tiffany's la compramos en la joyería del barrio? Con las acciones y el mercado en general ocurre lo mismo. Los precios van creciendo porque hay gente que considera correcto ese precio (no entraremos aquí a valorar los intereses ocultos que existen detrás del hecho de dejar que crezca una burbuja), hasta que llega un día en el que no se puede justificar más inflación, y de repente "explota". Cuando los jugadores del mercado deciden que con la información disponible ya no se puede seguir justificando el precio de algún bien, este colapsa.

10/marzo/2000: **5046** puntos

4/abril/2001: **1638** puntos

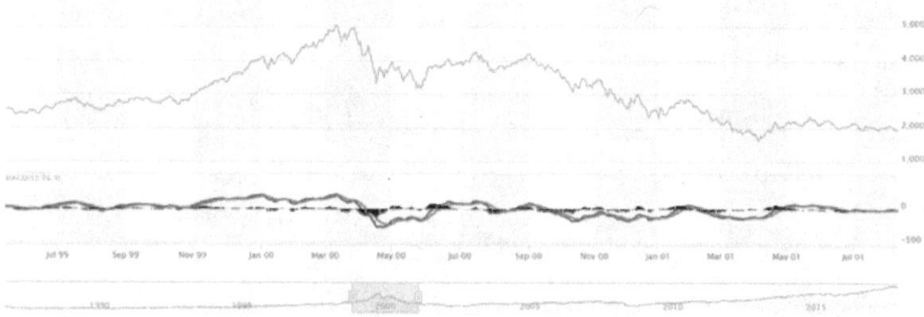

Burbuja "punto com". El Nasdaq (índice tecnológico de EEUU) pasó de máximos rozando los 5050 puntos a mínimos de 1640 puntos: esto es una caída de casi el 70 % en un periodo de un año.

Que los precios se inflen es algo muy normal, y forma parte intrínseca del mercado. La creación de burbujas también. Para muchos, los precios del metro cuadrado en las construcciones es el ejemplo más sonado de burbuja, en este caso inmobiliaria. Pero, ¿hay en realidad una burbuja inmobiliaria? La respuesta es siempre: DE-PENDE. Dependerá de qué métrica usemos para medir el nivel de precios. Si comparamos los precios por metro cuadrado de las capitales europeas, Madrid ocupará una posición intermedia. Si en esa métrica incorporamos la renta per cápita de la ciudad, puede que el resultado varíe poco. Pero, ¿qué ocurre si medimos el precio promedio del metro cuadrado y lo comparamos con el suelo promedio ponderado? Al ponderar el suelo medio, las pocas rentas elevadas en comparación con las numerosas rentas bajas no pesarán en valor absoluto, sino relativo, bajando así la renta media resultante. El resultado será ahora una burbuja inmobiliaria, pues el "mileurista" promedio madrileño no puede acceder a un piso familiar por sí mismo.

Ciudad	m² de lujo por un millón de dólares
Mónaco	15.0 m²
Hong Kong	20.6 m²
Londres	25.2 m²
Singapur	32.6 m²
Ginebra	34.7 m²
Nueva York	40.2 m²
Sidney	41.2 m²
Paris	41.7 m²
Moscú	43.0 m²
Shanghai	46.2 m²
Beijing	52.6 m²
Roma	60.8 m²
Los Ángeles	64.3 m²
Miami	65.1 m²
Tokyo	75.5 m²
Mumbai	95.7 m²
Estambul	97.1 m²
Sao Paulo	136.1 m²
Dubai City	146.0 m²
Ciudad del Cabo	215.1 m²

Cuántos metros cuadrados de propiedad en una construcción con acabados de lujo nos da un millón de dólares en distintas ciudades del mundo.

Podríamos decir que las burbujas son subjetivas, necesarias e inevitables. Subjetivas, porque son los mismos inversores los que las crean, inyectando dinero en exceso hasta el punto que consideran oportuno. Por lo tanto, el grado de "hinchazón" al que puede llegar esa burbuja dependerá mucho de los ojos con que se la mire. Necesarias, porque la inyección de capital es la gasolina que alimenta el motor de la economía mundial. E inevitables, en primer lugar por definición y funcionamiento del sistema, y en segundo lugar porque aun sabiendo la devastación que causa la destrucción de riqueza cuando explotan las burbujas, estas crisis marcan el inicio de un nuevo ciclo de recuperación de negocio perdido, creación de riqueza y reinvención sectorial muy necesarias para corregir errores sistémicos que de otro modo no habríamos podido solventar.

Las oportunidades de una burbuja antes y después de que explote

Muchas veces vemos crecer las burbujas. Sabemos que están ahí. Actualmente estamos debatiendo si el precio al cual cotizan los *bitcoins* es o no una burbuja. Todos tenemos más o menos claro que la tecnología que soporta el *bitcoin* es el siguiente paso en la innovación. El *blockchain* se usa ahora mismo para modernizar la trazabilidad de los productos fabricados, en especial de los alimentos. La usamos también para que las transferencias bancarias sean mucho más seguras y transparentes, evitando así el blanqueo de capital y la financiación de actos terroristas. Se usa en hospitales para los historiales clínicos de los pacientes. En fin, son muchos los ámbitos de nuestro día a día que se ven beneficiados por la introducción de la tecnología del *blockchain*.

Pero, ¿qué pasa con el *bitcoin*? Otro de los usos de esta tecnología es la creación de "dinero" en forma de criptomonedas. Puede que en un futuro no muy lejano el dinero deje de ser físico y sea únicamente virtual. Pero la idea de "virtualizar" un dinero físico que ya existe, transformarlo en un código *blockchain* y dejar que este funcione como un mercado libre de oferta y demanda donde el precio irá fluctuando a medida que la gente pretenda entrar mientras que la oferta sigue siendo limitada, genera una burbuja, pues su comportamiento es exactamente igual al de una acción que se pone "de moda" y que todo el mundo intenta comprar.

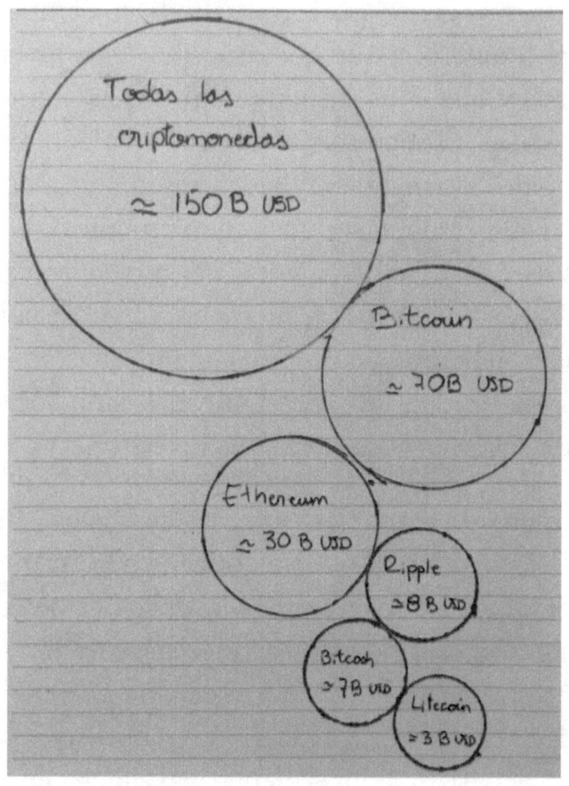

Con datos de verano de 2017, la capitalización del bitcoin era una séptima parte que la de Amazon. Esto es, 66 billones de dólares que han salido de la economía productiva y se encuentran ahora en un "agujero negro" donde no mueven la economía; es un dinero que ha desaparecido del sistema.

¿Qué oportunidades se nos presentan cuando vemos crecer una burbuja? La oportunidad más clara y a su vez la más arriesgada es la de entrar en la ola y cruzar los dedos para que logremos salir antes de que llegue a la orilla. Este comportamiento en el inversor se conoce como FOMO (*fear of missing out*, es decir, "miedo a quedarse fuera"). El FOMO nos empuja a entrar en una inversión porque vemos gente que ha entrado hace tiempo ganando mucho dinero, y que nos dice que "esta inversión es el futuro" y que si no entramos "nos quedaremos en el siglo pasado". Todas esas frases que en algún momento hemos oído, normalmente hacen referencia a cosas que más adelante resultan ser una estafa piramidal. Pero también es cierto que muchas otras veces, y si la avaricia no nos puede, somos capaces de comprar, ganar el porcentaje que nos hemos fijado previamente (hablamos antes sobre la necesidad de fijarnos niveles tanto de entrada como de salida en todas nuestras inversiones) y vender.

Por número de casos, las burbujas se suelen dar más a menudo en productos que no cotizan en bolsa, mercados como el inmobiliario, el *bitcoin* o los pagarés de empresas privadas. Con esto no estoy aconsejando en ningún caso la inversión en productos no regulados por la comisión reguladora competente, la CNMV en el caso de España. Siempre deberíamos invertir nuestro dinero en productos que hayan pasado los filtros de control de las entidades reguladoras, ya que incluso habiendo pasado estos controles nuestra inversión puede volatilizarse en la siguiente gran crisis. Como ocurrió con la burbuja de las "punto com" a finales de los 90. Siendo todas y cada una de las empresas unicornios de Wall St., todas se precipitaron, haciendo perder miles de millones a inversores de todo el mundo.

Con las burbujas que explotan en mercados regulados tenemos la oportunidad de aprovecharnos del desplome. Cuando hay crisis hay oportunidad. Podemos remontarnos al Nueva York de 1970, cuando la ciudad estaba en la ruina. No había dinero para pagar a los funcionarios y tuvieron que despedir en un mismo día a casi cien mil trabajadores públicos, entre ellos miles de policías, dejando a una ciudad asolada por la inseguridad aún más desprotegida. Con esa crisis empezó el resurgir de la ciudad, pues los capitales privados vieron en la crisis del ayuntamiento una puerta abierta para pedir concesiones administrativas a cambio de invertir grandes sumas de dinero en infraestructura. Fue el inicio de una nueva era dorada de la construcción en la isla de Manhattan, cosa que la ciudad necesitaba con urgencia. En este caso la burbuja que explotó en Nueva York fue la de deuda pública; la ciudad no pudo emitir más deuda pública y el gobierno central se negó a sanear sus cuentas.

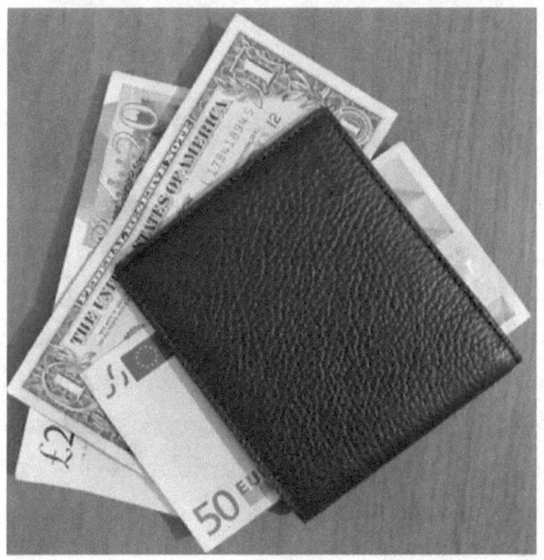

El gobierno federal se negó a sanear las cuentas de la ciudad de Nueva York, dejando a la ciudad endeudada y sin dinero para funcionar.

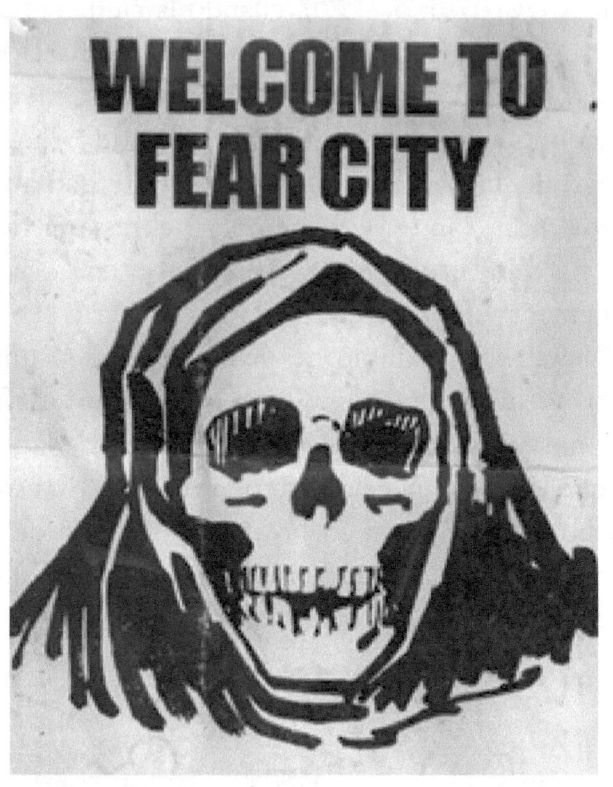

La crisis fue tal que el nuevo slogan popular de la ciudad era: "Bienvenidos a las ciudad del miedo".

Cuando llegan las crisis a los mercados regulados, las empresas que logran sobrevivir y salvarse de la bancarrota son las primeras en acometer una reforma interna para que una crisis de iguales características no las afecte tanto. Bien es cierto que las características de las crisis van evolucionando y no encontraremos dos crisis con el mismo origen, pero aunque los ingredientes cambien, la receta suele ser muy parecida.

Si después de la crisis de las "punto com", cuando ya la burbuja había explotado a primeros de 2001 (lo vimos antes en la gráfica del Nasdaq) y las cosas no podían ir a peor, hubiéramos entrado con mil dólares en alguna de las empresas que lograron sobrevivir, imaginemos cuánto dinero tendríamos a día de hoy teniendo en cuenta que el Nasdaq se sitúa en torno a los 7100 puntos, casi cinco veces el valor que tenía en 2001.

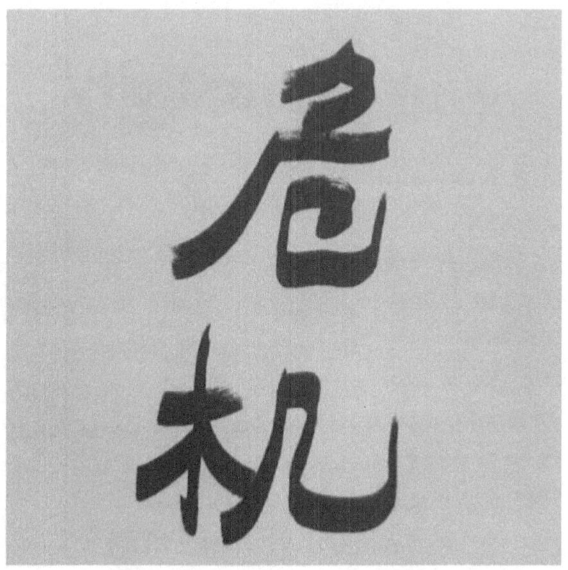

En los discursos motivacionales se dice que para los chinos, el carácter que representa la crisis está formado por los kanjis del "peligro" y la "oportunidad" (cosa que en realidad no es del todo cierta: el carácter está formado por uno que representa "peligro" y por otro kanji que comparte origen con el de la "oportunidad").

Comentarios finales

Para terminar quiero primero recapitular un poco las ideas que hemos ido discutiendo a lo largo del libro, y que un poco a manera de esquema las tengamos muy presentes.

La información es el activo más valioso con el que podemos contar tanto para nuestra vida cotidiana como para invertir en bolsa. No dejemos nunca de aprender cosas nuevas, de leer todo lo que pase por nuestras manos, de interesarnos por las cosas que ocurren más allá de lo que ven nuestros ojos. Cuando tenemos ese apetito voraz de información nos sorprenderemos invirtiendo en empresas que nadie conoce, pero nosotros, por lo que hemos ido aprendiendo, sabremos que son el futuro.

La prudencia y la humildad deben ser una constante en nuestras inversiones. Prudencia porque nadie tiene la verdad absoluta acerca de lo que va a suceder el día de mañana. Humildad porque nuestros aciertos pasados no garantizarán nunca aciertos en el futuro, y siempre seremos susceptibles de equivocarnos.

Debemos sentarnos tranquilos, y con toda la información que poseemos escoger qué acciones queremos comprar, intentando ver siempre las dos caras de la moneda.

Si tenemos en cuenta patrones de conducta del mercado que se suelen cumplir, podemos adelantarnos al mercado en algunas ocasiones. En el parqué de negociación hay infinidad de frases hechas como: *sell in May and go away*, que significa: "vende en mayo y sal corriendo". Por estadística, en verano los volúmenes de negociación suelen ser menores, y esto lleva a que los precios tengan pocos sobresaltos e incluso caídas por la falta de negociación. Tenemos también el famoso *rally* de Navidad, que es esa subida en bolsa de las acciones cuyos productos han sido un *top* ventas en la campaña navideña.

También debemos fijarnos en las fechas en las que nuestras empresas presentan resultados, pues uno o dos días antes de hacerlo, el mercado suele manifestar sus predicciones. El día de los resultados, si el mercado era optimista y las cifras no son las que esperaba, la acción caerá. Si por el contrario las cifras son mejores a lo que el mercado creía que iban a ser, la acción subirá. Esto último fue lo que pasó con Twitter en febrero de 2018. Cuando anunció por sorpresa su primer trimestre con beneficio desde su creación, sus acciones subieron más del 10 % en una mañana.

Muy importante: si nos caemos, siempre podremos levantarnos. No hay golpe lo suficientemente duro que nos quite cualquier posibilidad de recuperarnos. Tardaremos más o menos, pero llegará el momento en el que demos la vuelta a la esquina y sintamos por fin el sol calentarnos la cara. Apuntarse una pérdida en bolsa nos ayuda a aprender qué hemos hecho mal, qué no supimos medir o qué pasamos por alto en nuestro análisis.

Debemos tener siempre presentes los mínimos y máximos de periodos relevantes para la duración que pretendemos aplicar a nuestra inversión. Debemos empaparnos de ratios que reflejen puntos importantes de las cuentas de nuestras empresas.

Mi último consejo de inversión para vosotros es que recordéis hacer un pequeño seguimiento de la acción antes de entrar a comprar. Tenemos que ver su comportamiento de los últimos meses. Sus últimos resultados trimestrales. Nunca es tarde para entrar en una acción, pues los ciclos son inevitables y en algún momento habrá una corrección que nos permita entrar.

Si os habéis quedado con ganas de más, estad pendientes, pues tenemos mucho más que contar: cómo interpretar los distintos tipos de gráficas, cómo invertir únicamente con *warrants* y, si las cosas van muy bien y el capital os lo permite, cómo invertir con futuros y opciones.

Muchas gracias por haber comprado este libro y espero seguir compartiendo páginas con vosotros más adelante.

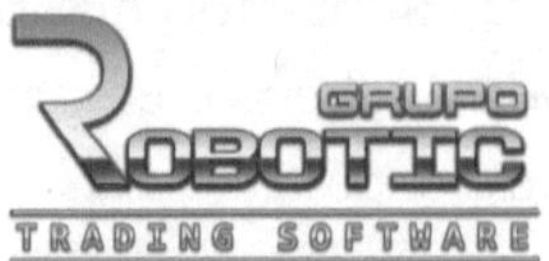

Patrocinio

Este libro está patrocinado por **Grupo Robotic**, una empresa dedicada a la creación de software automático para la inversión en el mercado de divisas.

Cuenta con miles de inversores en toda España que reparten beneficios en ocasiones superiores al 20% anual.

Web: **www.robotic24.com**
E-mail: **info@robotic24.com**
Tlfno: **900 10 48 84**

www.editatum.com

Nuestras colecciones

Guías para todos aquellos que deseen ampliar sus conocimientos sobre asuntos específicos, grandes personajes, épocas, culturas, religiones, etc., ofreciendo al lector una amplia y rica visión de cada una de las temáticas, accesibles a todos los lectores.

Guías para gestionar con éxito un negocio, vender un producto, servicio o causa o emprender. Pautas para dirigir un equipo de trabajo, crear una campaña de marketing o ejercer un estilo adecuado de liderazgo, etc.

Guías para optimizar la tecnología, aprender a escribir un blog de calidad, sacarle el máximo partido a tu móvil. Orientaciones para un buen posicionamiento SEO, para cautivar desde Facebook, Twitter, Instagram, etc.

Guías para crecer. Cómo crear un blog de calidad, conseguir un ascenso o desarrollar tus habilidades de comunicación. Herramientas para mantenerte motivado, enseñarte a decir NO o descubrirte las claves del éxito, etc.

Guías prácticas dirigidas a la salud y el bienestar. Cómo gestionar mejor tu tiempo, aprenderás a desconectar o adelgazar comiendo en la oficina. Estrategias para mantenerte joven, ofrecer tu mejor imagen y preservar tu salud física y mental, etc.

Guías prácticas para la vida doméstica. Consejos para evitar el cyberbulling, crear un huerto urbano o gestionar tus emociones. Orientaciones para decorar reciclando, cocinar para eventos o mantener entretenido a tu hijo, etc.

Guías prácticas dirigidas a todas aquellas actividades que no son trabajo ni tareas domésticas esenciales. Juegos, viajes, en definitiva, hobbies que nos hacen disfrutar de nuestro tiempo libre.

Guías para aprender o perfeccionar nuestra técnica en deportes o actividades físicas escritas por los mejores profesionales de la forma más instructiva y sencilla posible,

Informe Económico financiero

GuíaBurros El informe Económico financiero es una guía que te ayuda a realizar un buen informe económico financiero de tu negocio.

+INFO

http://www.informeeconomicofinanciero.guiaburros.es

Coaching

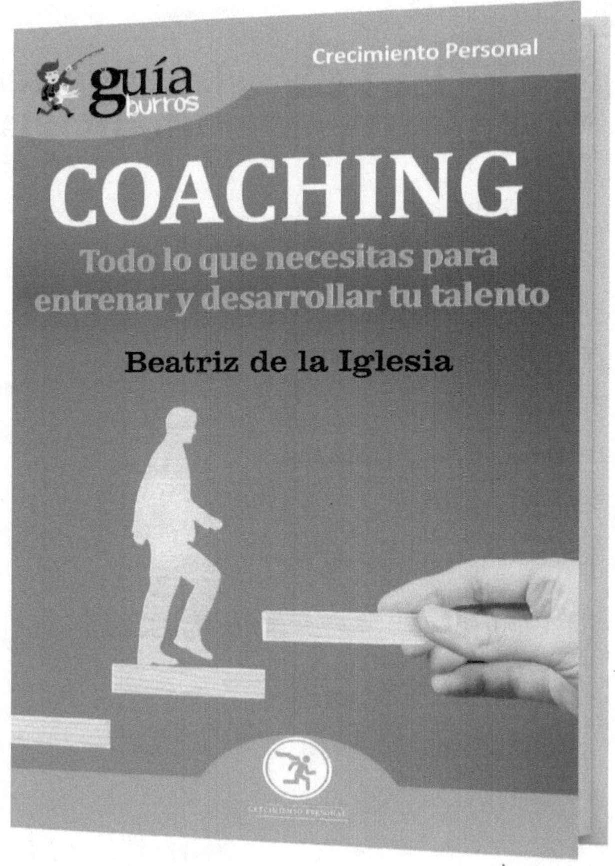

GuíaBurros Coaching es una guía básica con todo lo que necesitas para entrenar y desarrollar tu talento.

Inteligencia
financiera

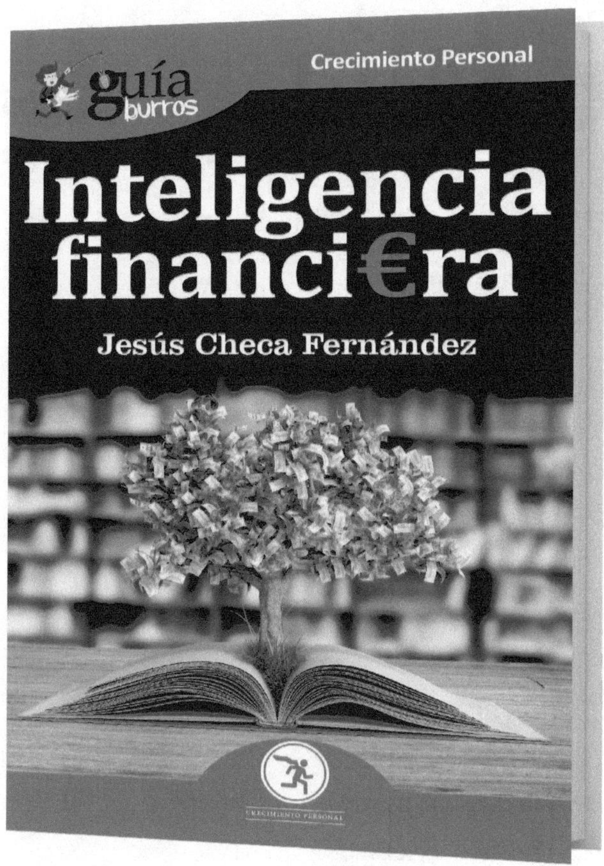

GuíaBurros Inteligencia financiera

El dinero no es para gastarlo, el dinero es para utilizarlo

Hablar y escribir correctamente

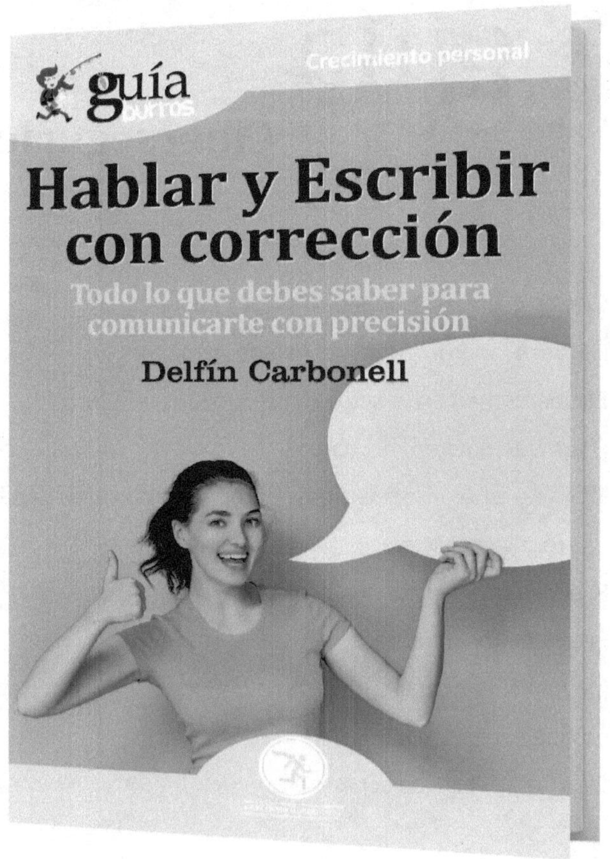

GuíaBurros Hablar y escribir con corrección es una guía básica con todo lo que debes saber para comunicarte con precisión

+INFO

http://www.hablaryescribir.guiaburros.es

Ciberseguridad

GuíaBurros Ciberseguridad es una guía básica con todo lo que debes saber para tener vidas digitales más seguras.

+INFO

http://www.ciberseguridad.guiaburros.es